亡き父との交信

――常識への挑戦

稲森重雄

目次

まえがき

私は高校生の頃から人生や死に対する漠然とした不安を感じていました。そんな中、ある出来事をきっかけに、これらの問題を避けて通れない事態に遭遇しました。

現在の世の中を見ますと、人生の目的と使命を忘れ、ただ日々の中に己の欲望（地位、名誉、財産）に目がくらみ、貪り、執着し、自己中心的な日常を送っている人が大半のように思えます。世の中にはちゃんとした法律が存在するのに、うまくすり抜けたり、金で解決したり、地位を利用して金儲けする人たちも居ます。世の正義は何処に行ってしまったのでしょうか。

人間のこれらの行動を掘り下げて考えてみますと、「人間の命には限りがある、生きているうちが花よ、同じ一生なら楽をして豊かに、そして人の羨むような人生でありたい」との思いに囚われているように感じます。この囚われの根源を探ってみますと、「死んだらおしまい、全てが無に帰る」との錯覚に起因していると思われます。この錯覚を信じ込まされたのは、現代の所謂科学的な証拠に基づいて思考する教育の、ある一面での弊害の一つであるように思います。

根拠の無い迷信等は良い意味で少なくなったものの、科学的に証明出来ないものは信じるに値せずと、排除する回路をインプットされてしまいました。このインプットされてしまった事柄を覆すような体験が、前記の「ある出来事」なのであります。

もし死後の世界が存在したならどのような世界でありましょうか。宗教が教えるように悪人は裁かれ地獄に落ちて苦しみ、善人は楽園や極楽浄土にて優雅な環境が待っているのでしょうか。もし人間の魂が永遠であったなら、どのような人生の生き方を為すべきなのでしょうか。

「死後の世界？　魂？　そんなものがあったら見せてくれ」との声が聞こえて来そうです。しかし私は体験してしまったのです。この様な命題を、霊的な疑似体験をすることにより、人生の生き方の道標が示されて来たのです。それはある霊能者との出会いから、不思議な体験が始まったのです。

現在の混迷の世の中を生きる者として、この体験から導き出された「新たなる人生の扉のあけ方」をここに記する事によって、人生の生き方の参考になれば幸いであります。最後に私自身は、過去も現在も如何なる宗教団体にも所属しておりません。また、特定の宗教団体を擁護するものでもありません。

稲森　重雄

第一章　霊能者との出会い

人は全て死す

私は終戦の昭和二十年、鹿児島県の鉄道の通る、戸数のさほど多くない片田舎に生を受けました。農村地帯で、薩摩藩らしい礼節と気骨の残っている地域でありました。父は大工であったものの、世の中は戦後の食糧難の時代で生きるのが精一杯で、本来の大工の仕事も少なく、田畑を借りて自給自足の生活でありました。

父は農家出身でありましたが、次男であった為に農地はなく借地による耕作でありました。当時は地主制度のもとに、借地料として生産高の七割を上納として土地の所有者に納めておりました。現金収入の為に牛や蚕を飼育しており、特に牛の餌としての草や蓮華草の刈り入れと、牛糞の始末は我々子供の仕事でありました。

自然が相手の生き物である水稲や薩摩芋、蚕は天候に左右され、努力がそのまま結果に結びつかない場合が多く、やり場のない怒りや悲しみがつきまとっていました。

作物が豊作であれば最高ですが、需要と供給の関係で価格は安くなり喜んでばかりはおれません。霜害や台風の影響で不作であると、単価は高くなっても収量が少なく収入は少なくなります。

「努力すれば必ず報われる」との教訓も自然の前には無力であります。ただ黙って受け入れ「来年こそは」との当てに出来ない呪文に希望を託す以外にありません。農家の人々は、ただ必死で生きる以外にないのでありました。このような環境に育ちながら、人生のどうしょうもないこの現実は何処から来るのか、何の為にあるのか、釈然としない思いに駆られていました。

このような学生生活の中である日「人は全て死す」という本が、私の家の本棚にあるのに気付きました。私が高校一年の頃、この「人は全て死す」とのタイトルの本が妙に気になっていました。哲学書なのか宗教の本なのかが解りません。多感なこの時期の私はこの本を開く勇気が有りませんでした。いつ頃どうしたのか、今はもうこの本はありません。今にして思えばぜひ読んでみたい本でした。作者も出版社も解ってはいません。多感な思春期の私にはこのタイトルがとても怖くて、ずしりと心にのしかかっていました。

「すべて死すか！　じゃ俺たちはいずれ死ぬために生きているのか。いったいなんて無意味で馬鹿馬鹿しい人生だ」と思えてなりませんでした。

生まれながらの地主と小作人との格差。父母達の努力しても報われない現実。このような不公平と思われる現実の前で、「人間はいずれかならず死ぬ」この命題だけは人生の中で、確実に与えられている避け難い事実であります。しかも皮肉にも万人に等しく、貧富、年齢、男女の区別なく平等に全人類に突きつけられた避けて通れない大問題です。

「よりによって幸福ではなく、死という最悪のものが平等だなんて」と愕然とした思いに駆られました。

この頃から死に対する漠然とした恐怖や、人生に対する疑問が頭をかすめているのでした。お釈迦様ですら優雅な城の生活を捨てて出家に至ったのは、人間の生老病死や貧富の差などを目のあたりにし、疑問に思ったのが始まりと伝えられています。

そこで、人間に生まれた命題を考えてみますと、この三つの考えに行き着くでしょう。

①「いずれ死ぬなら苦労するのは馬鹿馬鹿しい。苦労の人生などご免だ。面白おかしく楽な人生を送ったほうが得だ」

②「死ぬ運命なら限られた人生の中で精一杯生きるか」

③「そんなこと考えてもしょうがない。明日はあしたの風が吹くさ」と出来るだけ考えずあえて避けて通る。

さて、現在のあなたはどのような結論に達するのでしょうか。現在のこの世の中を見ますと、かっての私のようにほとんどの人が①③の考えで人生を生きているように私には見えます。この事が世の中の混乱に拍車をかけているのではないでしょうか。

「どうせ一回の人生なら面白可笑しく優雅に、貧乏たらしく惨めな人生はいやだ。その為には人の上に立つこと、安定した職業につくこと、他人のことより自分が大切、なにせ死んだら全てがおしまいだからな」という事になってしまいます。

「農業には生産の喜びがある。なぜなら動植物は人間に嘘はつかない。人間の為すがままの姿を現してくれる。肥料が少なければ黄色い葉で弱々しく成長が悪く、多すぎると青々と成長もよいが幹や茎が風に弱く実りが少ない。動植物は人間に素直に答えてくれる」

これが私の父母の口癖でありました。肥料や手入れをやったふりをしても、騙す事は出来ないからです。動植物は正直に答えを出してくれる。しかし、人間の努力を打ち砕く気候の変動には太刀打出来ません。

いつも母は、呪文のように唱えていました。

「自分の努力が何の理由もなく突然打ち砕かれる農業は子供達にはやらせたくない」と。

高校三年生となり、就職か進学かと私が色々と迷っている時に、銀行員とピアノ調律師としての職種を音楽の先生より紹介されました。とても進学できる経済状態ではなかったからです。この結果、音楽好きな私は技術職である調律師への道を選んだのでした。

その後の私は、唯ひたすら一人前になる事だけが目標で楽器店に就職し、そこからメーカーのピアノ調律師養成学校に進んだのでした。

ここで驚いたのはピアノの調律方法でありますす。楽器は如何に正確にチューニング（音あわせ）をするかが大変重要です。しかし、ピアノの場合は平均率と言われる方法で、音合わせを行います。

簡単に言えば下のドを百サイクルとしたら、オクターブ上のドは倍音で二百サイクルとなります。ドからオクターブ上のドの音までに十二の鍵盤がありますので、十二等分に割り振って音階を作ることになります。百を十二で割っても割り切れません。出来得る限り理論上純粋な間隔の音階を作ろうとすれば純正調でオクターブ間の鍵盤は二十個の鍵盤と四十六の音が必要となります。

これでも完璧ではないのです。しかし実際演奏しようとしても不可能です。この為に、純粋の音階に近くなるように、平均して割り振って音階を作ったのが、平均率音階なのです。これらの事実は人生の生き方についても、理論的に絶対に正しくてもどうにもならない事もあると示唆しているようです。

この事が後々の目に見えない世界や仏教の解くところの、両極端をさけた中道の生き方を理解する上で大変役立つことになったのです。

避けて通れない事態

昭和四十三年、高度成長の波に乗った好景気でピアノは飛ぶように売れ、技術者として一人前になった私も忙しい毎日を送っていました。人間とは勝手なもので、自分の生活が順調に機能し始めると、今まで頭に占めていたものはだんだんと薄くなりつつありました。

そんなある日、妻が受けた胃の検診の結果が再検査となり、一挙に心配ごとが押し寄せてきたのです。万一ガンであったなら、どのように伝えたら良いものか。悪性で命にかかわる状態であった場合、余命はどの程度で今後どのように生きたらよいものか。いよいよ死というものと対峙しなければならない事態に陥ったと感じたのです。

人生とは何か、絶対的存在であるはずの神仏は何故不平等を許しているのか。死とは何を意味するのか。死後の世界は存在するのか。訳の解らないお経はいったい何を意味しているのか。仏教以外の宗教はこれらのことをどのように示しているのか。

「これらの解決なくして自分と妻に安らぎはありえない」

この日以来かつて私が抱いていた疑問はどんどん膨らみ、文献等を漁り始めたのでした。

再検査の結果、妻のポリープは良性で異常がなかったものの、これ以降も私の疑問への追及は終わることなく現在に至っています。今まで薄れかけていた疑問への追及の再開を促しているような事件でありました。

霊能者との出会い

人と人との巡り会いはちょっとした事から始まるものです。昭和四九年、私は九年勤めた楽器店から独立し、親しい仲間と調律専門の会社をスタートさせました。数年後、販売店舗を兼ねた国道沿いの事務所に移転し、営業していました。

ある日、丁度道路を隔てた酒屋さんに出向いた時の事です。店の奥様が本を読みながら店番をされていました。何気なく目をやると、私も感銘を受けた著者の作品でしたので、つい声をかけました。

「なかなか説得のあるよい本ですね、私も読みましたよ」

「いい本ですね、このような種類の本やビデオを沢山持っていますが、宜しかったらお貸ししましょうか」

このような会話から交流が始まったのでした。

会社をスタートさせてはいましたが順調に軌道に乗っているとは言えず、読みたい本もどんどん買って読める状態ではなく、大変重宝して読ませてもらっていました。そんなある日、この奥様から紹介を受けたとおっしゃるご婦人が私を訪ねてみえたのでした。

「前の奥様から沢山の本を読まれて、宗教や心霊に関しても詳しいとお聞きしたので伺いました」

「いやいや、色々と疑問が多く闇雲に読み漁っているだけです」

さっそく招き入れると、ご婦人が世間話風に話し始められました。

「ベートーヴェンは耳が聞こえなくなったのですか。気難しい人のようですね」

「そうですね、自分の意志や哲学を楽曲で表現した作曲家ですね」

「今でもあそこはこの様にすればまだ良くなったと、後悔したり練り直しをしているようです」

「モーツァルトやシューベルトは溢れ出るメロディを次々と楽譜に書いて行った、というような作曲の仕方で、ベートーヴェンは推敲に推敲を重ねて作曲を進めるタイプのようですね」

　会話は音楽の話から、次第に本題へと入っていきました。

「実は私は昔から、色々と変わった姿や声が、見えたり聞こえたりしていました。私にとっては普通の事でしたが、ある時から自分以外の人には見えも聞こえもしていないと気が付いたのです。たとえば、堤防を風に吹かれながら自転車を漕いでいると『おはよう、気持ちいいね』と聞こえてくるのです」

「風の声ですか?」

　初めて耳にする事で、私は戸惑いながら答えました。

「色々な物が見えたり聞こえたりするので、いわゆる霊能者と呼ばれる人々を訪ねた事もあるのですが、詳しく聞きづらかったりして明快な理由が分からないのですよ」

一般常識として普通の人間が聞いたら、思わず噴き出したくなるようなお話ですが、私もこれまでに少しは不思議体験をしていましたので（この人は霊能者なんだ！）と不思議と納得してしまいました。

不思議な経験とは、私が中学生の頃のことです。父親の三兄弟は百メートル程の距離にお互いの家があり、共同の井戸を使用していました。五衛門風呂と炊事用の水を運ぶのが大仕事で、子供の手伝いの中で一番きつい仕事でありました。私の家の裏は台地につながる斜面で、土地の質としては鹿児島県特有のシラスでしたが、自家用の井戸を屋敷内に掘ることになったのです。

問題は「何処に水脈が流れているか」、これが重要でした。やみくもに竪穴を掘っても水脈に当たるはずがありません。そこで私の父母の取った行動は、盲目の、いわゆる「ものあてをする」人に探してもらう事でした。子供の私には聞くとはなしに耳に残っていた事で、どのようにして具体的に水脈の場所を特定できたかは知りません。

何日かの作業の結果、見事に水が出たのです。この井戸は現在でも枯れる事なしに、豊富な水量を誇っています。このような出来事から（世の中には不思議な事があるものだなあ）という程度の経験はしていたのでした。

「実は、最近仕事中でもお構いなしに霊が私に話しかけてくるんです。煩わしくて仕事にならないんですよ、何かこのような事柄が本に書いてあるものはないですか」

　素人の私にこのようなことを話されるとはと、少々驚いていました。余程困っていらっしゃるのか、私に問いかけられたのです。私も一般的に「物あてをする人」とか「拝みやさん」と称する人々は無論聞き知っていました。

　しかし、これまでにこのような方にお会いした事もなく、ましては素人の私にこのような人が直接尋ねて見え、しかも質問を受けるとは思いもしなかったことでした。幸いに私が読んだ本の中にも、ちゃんと色々と書いてあったのです。私はひと呼吸おいて次のように答えました。

「仏教では一念三千という言葉があり、思い念ずることは三千世界に通じると言われております。この言葉の通り生きている人間なのか、どの次元にいる死霊か私は判断出来ませんが、相手の言葉や想念があなたに伝わるのは当然の道理と思います。私には霊界からの言葉は聞こえませんが、この論理からいけば、こちらの言葉も向こうには聞こえる事になりますね。そこで、今は仕事中で相手は出来ません。迷惑ですから受け入れる訳にはいきませんと、はっきり断わってみたらいかがでしょう」

　つまり相手にして見れば、普通の人々では自分達の事を気付いて貰えないのに、この人なら理解してくれることが判っているから強引に通信をして来ているのです。

その後、田中さん（霊能者の仮称）がこの事を実行され、一方的な通信はなくなり、霊界と会話が出来ることが分かりました。この出逢い以降、私たちの霊的研究に大変役に立ち、霊界との通信には通常の言葉での会話、想念を送るだけで充分な事が実証されました。

会話といっても、霊界側からはテレパシー的であったり、断片的な映像や、直接肉体に訴える（咳が出る、特定の場所が痛む）等の現象でありました。これらの現象では霊能者に相手の意思がどのように伝わるのか疑問だったので、しっこく田中さんに質問しました。

「相手の意思はどのようにあなたに伝わるのですか？　日本語で言葉として話しているのですか。テレパシーとして心に伝わってくるのですか？　映像として表現した場合、白黒ですか、それともカラー映像ですか？」

田中さんによると、これらの通信手段は相手側の能力や霊格、性格等の違いにより、それぞれ異なると見られます。

第二章　霊体験

霊体験　一「何者かの存在」

その一

　ある雨の日の演奏会、会場の入り口の傘置は一杯の状態でした。当然、似たような傘も沢山在りました。

「いやいや、これは大変だ、帰りはきっと判らなくなるなあ」

　そう独り言をつぶやいた時、どこからか声が聞こえたのです。

「なくなるよ」

　いや、音声として聞こえたのではない、心に響いて来たのです。

「それもそうだよね、こんなに沢山在れば間違える人だってあるさ」

　そう考えながら自分の傘の置場所を、判りやすい所に置き直したのでした。がしかし、帰り際、判りやすい場所に置き直したのにもかかわらず、傘はなくなっていました。

その二

　同様のことが京都御所を訪ねた時にも起こりました。御所での見学は下足場で靴を脱ぐ事になっていました。

「判り易い所に置いとかなきゃね」

いつもの調子でそう思いながら靴を脱いで置いた時、また声が聞こえたのです。

「なくなるよ」

それ程混雑はしていなかったのですが、当然私も置き場所をまた変えたのです。しかし、その声は警告なのか、結果の報告なのか、やはり帰り際に靴はなくなっていました。

他人の靴を履くのはいやなものです。私は御所内に取り違えの案内をしてもらい、スリッパを履いたまま庭園の見学をしました。でも結果的には交換に現われた人もいず、係の勧めもあり、残った靴を履いて帰る羽目になったのでした。

その三

これはある演奏会場での出来事です。スペインの作曲家による作品の演奏中のことでした。なかなか素晴しい作品でしたが近代の作曲家で、私も知らない作品でした。なんとなく眠たくなるような気分になったのです。その時、私の知らない外人の顔が見えてきたのです。気難しい顔をしていましたがなにかを言うでもなく、しばらく見えていましたが自然に消えていきました。

その時は「疲れが出て眠ってしまったのかなあ」と思っていました。

演奏終了後、ロビーでパンフレットに目をやった時、驚いてしまいました。なんと演奏中に見えた顔の人物が、スペインの作曲家その人だったのです。

このような事態をどう解釈したら良いのでしょうか。

その一とその二は、

①何か私には目に見えない物が存在する。

②それは人間に意思を伝えることが出来る。

③しかも未来の事を予測出来る存在である。

④私をじっと観察し私の考えまでも察知出来る。

そして、その三の体験は、意思疎通の手段としては、言語を用いないテレパシー的な手段があること。物体の形も写真のように相手に伝えることが可能であること等、これらの通常の人間には常識を超えた手段と方法が存在する事を、私に知らしめる目的があったように感じる出来事です。また、この役目を担った何かの存在が有る事も。

通常の人間の目には確認出来ないが、人間以上の知能を持っている存在、私はこれが指導霊と言われる存在ではないかと考えたのです。しかし、私には霊視能力がない為に、この呼びかける存在を何処まで信用したら良いのか自信が無かったのです。

「まず疑ってかかれ」が私のモットウ、その後も色々な文献を読み漁るのに、より拍車がかかりました。私が「霊の声が聞こえたぞ」などと有頂天になって声に対する盲信を抱いていたならば、悪霊であったかもしれないのです。たとえ悪霊でもこの世の事はある程度見通しが出来るのですから。

このような体験を含めて、田中さんとの出会いが、より意味深い体験を次々と引き寄せてくる事になったのです。

霊体験　二「死後の世界の存在」

田中さんが色々の物事に関して霊視が出来るとのことで、妻の実家に関する霊視をしてもらうことになりました。

「まずお名前を聞かせてください」

メモ用紙を前に田中さんが質問されました。いつも霊視はこの様に始まります。

田中さんは集中のために目をつむり十五秒程の沈黙。

やがて、いかにも見ているかのように話し始めます。

「あなたの実家はこのような形の家ですね、中に入ると真ん中に廊下が在って右手に部屋があって……」

一度も行ったことの無い場所を、曲がりなりにも言い当ててしまう。私達が知っている記憶を読心術ででも読み取るのでしょうか？　こうした事柄は書籍で読み知ってはいても、実際目のあたりにすると驚きであります。

この後、さらに霊視に集中されている時、田中さんが新たな事態を告げました。

「先祖と称する霊が見えますよ」

「その人は何の目的で現われたのですか？」

私の質問に、田中さんは数秒たってから答えました。

「我が○○家には先祖伝来の槍があり、家宝として大切にしてあったが、今は粗末にしてけしからん、と怒っていますよ」

「そんな事を我々に言われてもなあ…私も妻も槍の存在は知る由もなく、武士の子孫でもないはずで」

「結構怒っています。物事に執着があると、この様に死後も気になるのですね」

このような場合、相手は必死で理解を得ようと努力するようですが、我々が知らない事案に関しては如何ともしがたく、この霊視は終わりとなりました。

突然このような事態は予想もしていない私達は、その後機会を見つけて直接親族にこの件を聞いて見ました。

「そんな物あったかなあ？」

しばらく義母は考え込んでいましたが、

「そう言えば欄間に槍が在ったのを思い出した。しかし以前の事で今はどこにあるかは知らない」

やはり存在してはいたのです。

この件は我々も知らず、無論、田中さんはこの親族に実際対面していたわけではありません。しかも本人は忘れていた事を、我々を通して読心術で知ることは無理な事であります。この事実は何を物語っているのでしょうか。

またある時、Aさんの先祖の誰某であると称する霊が現われました。当人も知る由もなく、それではと家系図を調べた所、ちゃんと記録されており、この人物が実在した証拠が証明された事例が有りました。

前記のごとく霊魂と称するような何かが存在し続ける事実が無いとしたら、これらの通信は誰が何の目的で起こしているのでしょうか。私が体験した何かの存在と同様の物であるのでしょうか。我々の常識を超えた手段と方法が存在することを、私に知らしめる目的があったように感じるのです。また、この役目を担つた何かの存在が在ることも。

海外における死後の世界の存在

さて次に、海外における死後の世界の存在と思われる例を紹介しましょう。昭和六十年、死後の霊魂の存在として世界的に有名になったイギリスのローズマリー・ブラウン夫人の話が、日本でも話題になったことがあります。この話は次のような事から始まります。

「バッハ、ベートーヴエン、ブラームス、リスト、ショパン、ドビッシー等、音楽界の巨匠達から霊界通信を受けて作曲をしている」

ある日、こうブラウン夫人は主張して素晴しい作品を発表しました。その根拠は、リストが夢のなかに現われて次のように言ったと述べています。

「私や他の作曲家達が、あなたに美しい音楽を作曲させよう」

この事は彼女が作曲を始めた一九六四年の、その数年前のことでした。彼女は幼児期にピアノの初歩的なレッスンを受けたことはありますが、専門的な音楽教育や作曲法を学んだ事はなく、ましてや自分で作曲したという作品を演奏する事すら出来ませんでした。しかしその作品は、巨匠達の独特の作風を持った名曲だったのです。

一九七〇年には「ローズマリー・ブラウンの音楽」というタイトルでレコードまで発表されました。一部の論評には過小評価する声も有るにはありましたが、作曲家リチャード・ロドニー・ベネットは「作曲の経験がない者がこれだけ素晴しい偽物を作曲することは出来ない。私はベートーヴエンの偽物を作曲することは出来ない」と述べています。また、ピアニストのメニューインにも「深い敬虔な思いを抱かずにはいられない」と言わしめてます。

（学研「月刊ムー」誌より）

歴史上の人物の体験

次は幽霊を見た事実が、歴史上に記録として残っている知名人を紹介してみましょう。

・ペルシャ王クセルクス（前五一九～四六五）
・スパルタの武将ポーセニアス（?～四七〇）
・ジュリアス・シーザー（前一〇〇～四四）
・ブルートス（前八四～四三）＝シーザーの暗殺者
・ローマ皇帝トラヤン（後五二～一一七）
・カラカラ皇帝（一八八～二一七）
・ユリアン皇帝（後三三一～三六三）
・テオドシュース皇帝（後三四六～三九五）

それぞれ幽霊を見、深い印象を受けた事や、これに関連した恐ろしい出来事が記録されています。

（板谷樹、宮沢虎雄共著「心霊科学入門」より）

この後、千二～三百年間はキリスト教の影響の為か、幽霊等の記録は殆ど残っていないようです。しかし、エゼキエル書第一章では、冒頭から「わたしがケバル川のほとりで、補囚の人々の内にいた時、天が開けて神の幻を見た」から始まり、意味不明な事柄が次々と記されています。新約聖書においても、マタイによる福音書第八章一六節「夕暮れになると、人々は悪霊に憑かれた者を、大勢みもとに連れてきたので、イエスはみ言葉をもって霊どもを追い出し、病人をことごとくおいやしになった」と述べられているのを最初に、いたるところで霊の存在に触れています。

キリスト教は、イエスの教えを守り実践したものは、最後の審判にパスし永遠の生命を与えられて、その霊は天界のイエスの元で平和な生活が送られるとの教えがあります。この事から言えば、人体以外に霊が存在することは当り前で、天使や悪霊がどんどん登場することは驚き事ではなく、記述して残す程の必要性はなかったのではないかと、私は勝手に解釈しております。

さて、この空白を過ぎると又、沢山の記述が残されています。

・ダンテ（一二六五〜一三二一）

「神曲」はスゥエーデンボルグの「霊界探訪記」と同様、霊界を見てきた事を韻文詩で記した見聞録である。最後の十三編の原稿は、ある夜ダンテが息子の夢枕に現われ、その在り場所を正確に教えたため、彼の息子によって発見されたと伝えられている。

・ヘンリー四世（一三八七〜一四二二）

夫婦はリヨンの大司教および三人の女官と共に、ある枢機官の幽霊を見た。その時間が、枢機官の死亡時刻と一致していた。

・ヘミングウェイ（一八九九〜一九六一）

十九才でイタリア戦線に従軍中、破裂弾が爆発して足を負傷した時である。「ちょうどポケットの中から絹のハンカチを、その端をつまんで引っぱり出すような感じで、肉体からもう一つの体、魂のようなものが脱けていった。またポケットに戻ってきたので、私は死ぬような事にはならなかった」

・トルストイ（一八一七〜一八七五）

彼がペテルブルグに住んでいた時、街頭で当時有名だった霊能者D・Dホームに会った。しかしその同時刻、実際のホームはペテルブルグへ向かう汽車の中にいた。駅に着いたホームにトルストイが尋ねると「あなたが街頭で見たという私の姿は、アストラル・トリップした幽姿だったのだろう」と答えたという。

・ゲーテ（一七四九〜一八三二）

風雨に遭って急いで家に帰る途中、彼のガウンを羽織り、ナイトキャップをつけ、スリッパをはいたまま往来に立っている友人のフレデリックを見かけた。

「いったいどうしたんだ？　そんな格好で！」

驚いたゲーテがフレデリックに声をかけた途端、彼の姿がパッと消えてしまった。ゲーテは（友人が死に際して別れの挨拶をしに来たのか）と思い、心配しながら家に帰ると、先程ゲーテが往来で見たのと全く同じ格好をしたフレデリックが居間に座っていたのである。

フレデリックが言うには「ここに着いた時ずぶ濡れだったので、とりあえずゲーテの服を借りて帰りを待っていたところ、ついウトウトして寝込んでしまった。その時ゲーテに会いに行く夢を見た」とのことだった。（学研「月刊ムー」誌より）

まだまだ列記すればきりがない程でありますから、このあたりで止めておきましょう。この記述から、西洋においても幽体離脱や死に際にお別れを言いに来る等の、仏教的な事柄が含まれているのには驚きでありますし、東西を問わずこのような事柄は事実として起こり得る事の証明であるのでしょうか。

このような沢山の事例や私の体験から、人間は死んだら全てがおしまいではなく、霊魂や心霊と称する物が存在し、この世ではない別の次元で生き続けている事を信じざるを得ないのです。そこで、仏教国では、あの世や死後の世界は当り前に語り継がれておりますが、仏教国とは言えない近代のアメリカの興味あるデータを見ることにしましょう。

アメリカ人とインド人の死生観

カーリス・オシスとアーレンダ・ハラルドソンの共著「人間が死ぬとき人々は何を見たか」（一九七七八年初版）には、千七百人の医師と看護婦の協力のもとに行われた、五千人の末期患者が見た死後の世界と霊姿に関する膨大かつ興味深い分析結果が報告されています。人間世界に於いて宗教や生活習慣が異なっていても、もし魂の永遠性（死後の世界や生まれ変わり）が真理であるならば、人種や思想、宗教に関係なく死後の世界を見ているに違いないはずだと確信していた私が、運良く巡り合った報告書であります。

死期が近くなると「お迎えが来る」と口走る日本人に対し、死後の世界とか輪廻転生とは無縁に思われるキリスト教世界が大部分のアメリカに於いて、アメリカ人は何かを霊視しているのでしょうか。

「人間が死ぬとき」人々は何を見たか。医師、看護婦に対するこのアンケートデータによると、死を眼前にして最も煩雑に目撃されたのは「人物の霊姿」であり、インタビューの半数以上を占めています。四百七十一例中、合衆国で「人物の霊姿を見た」人が二百十六人、残り二百五十五人がインドでの調査結果であります。この報告では、死を前にした患者の霊視は、死者や宗教上の人物を見た人が合衆国で八三％。インドにおいては七九％となっています。

霊視の目的はなにか

予備調査では霊視の七六％が「あの世へ連れて行く」目的をもっていた。第二次調査では合衆国六九％でした。この事から同書では「必ずと言って良い程死後の世界から訪れた使いとして体験される。統計的に得られた結果は歴然としており、疑いを差し挟む余地はない」と結論付けています。

このように東洋でなく仏教とはほぼ無縁の合衆国において、死に際してお迎えが来たと観察された統計や、その人物は死者や宗教上の人物である事実は、私の体験と併せて考えて「死後の世界は実在しており、霊魂は永遠である」と確信するに至りました。さらにこの統計は医師や看護婦の証言に基づいている事が重要な意味を持っています。

心霊の存在は非科学的か

ここまで心霊に対する私の体験、著名人の体験と近代のアメリカ、インドに於けるデータを通して考察いたしました。ここで心霊について考えて見ましょう。

心という言葉は日常的に使われています。目には見えず形としても確認出来ない代物であります。現代の思考からすれば、心はよく言われる所の非科学的存在ではありませんか。にもかかわらず「心なんて有るものか、有るなら俺の目に見せてくれ」などと言って心の存在を否定する人は誰もいません。おかしな事です。

このように肉体以外に思考、記憶、感情、理性、意思等の精神活動を司る何かの存在が心であると否定出来ないのであります。科学的には思考能力は脳の機能であると言いながら、心イコール脳であるとは決して言いません。怒ると頭に来るとは表現する事もありますが、胸が熱くなるとか、心が掻きむしられる思いとか、腹がたつ、断腸の思い等と脳とは関係ない表現で感情の発露を言い表しています。

しかし、霊とか魂、あの世、前世とかの話になると、そんなもの存在するはずが無い、非科学的であるという言い回しで否定されるのであります。非科学的であるとの理由は「そんなものが在ったら見せてみろ」との言葉に代表される考え方であります。心だって見えないし、空気、音波、赤外線、紫外線、エックス線と、見えない物を挙げたらきりが無いのであります。

かと言っても、盲信することは間違った迷信と称される類のものをはびこらせることになり、科学的に思考する事を推進するのは無論賛成ではあります。固定概念に囚われず、あくまでも慎重に真実を見極めることは大切なことであります。

次に固定概念や自説に凝り固まった人々の話を紹介しましょう。今にしてみれば笑い話にもなりませんが。

・ピタゴラス派の学者たちが地動説を発表したとき、プラトンやアルキメデスのような大学者までが「地球が回転すれば、人間は逆立ちになってしまう。それより真っ先にピタゴラス派の連中が気狂いになるだろう」と嘲笑した。

・一七五〇年、フランクリンが初めて「雷は電気である」という論文を発表した時、ロンドン学士院会は悪罵を浴びせて、雷の電気説を誰も信じなかった。

・一七七二年、ラボアジュが「空気は酸素と窒素が主成分である」と発表した時、有名な液体比重計の発明者ボーメまでが「二千年前から火、土、水、空気の四元説が正しい」ことを主張して、ラボアジュの説に反対した。

この種の固定概念に固まった判断をやめ、しかし疑いの心は失わず、これからの私見をお読みいただきたい。疑惑は自身で探究すれば真実に突き当たるものです。真実は一つしかないのですから。

さてここで、心、霊、魂、霊魂と一般的に使われている言葉を、私的に便宜上分類しておきましょう。
心＝思考、記憶、感情、理性、意思等の精神活動を司る。精神ともいう。
霊＝魂と同意義的であるが、死後には霊と呼んで区別する。
魂＝霊が人間、更には広く動物などに宿り、心の動きを司ると考えられているもの。

生命には終わりはなく、永遠に進化し続けます。魂は一瞬たりとも静止することはありません。進化するか、さもなくば退化します

（潮文社「インペレーターの霊訓」より）

なかなか印象的な言葉です。

あなたがたは聞くには聞くが、決して悟らない。見るには見るが、決して認めない。この民の心は鈍くなり、その耳は聞こえにくく、その目は閉じている

（日本聖書協会訳「マタイによる福音書」一三章一四節）

毒矢の喩（たと）え話

ある者が毒矢にて倒れた。近くの者が助けようと駆け寄り、刺さった毒矢を抜こうとした。その時、倒れた者が言った。
「しばらく矢を抜くのを待ってくれ。誰がこの矢を射たのかそれを知りたい。男か女か、どんな素性のものか、毒矢はなんであるのか。大弓か小弓か、木の弓か竹の弓か、

藪はなんであったか。藤つるか、筋か、矢は藤か葦か、羽根はなにか、それらがすっかり分かるまでは矢を抜いてはならぬ
（仏教伝道協会訳「パーリ中部三―二九箭喩経（せんゆきょう）」）

この喩えのように「宇宙は有限か無限か。神仏は存在するのか、あの世があるのか無いのか証明せよ。証明できるまでは信用ならん」などと議論していてもしょうがない。先ず為すべきは毒が回る前に矢を抜いて、適切な処置をする事が先決である。何事も枝葉末節に囚われず議論のみに固守せず「今何をなすべきか」が重要であります。

つまり、前記のような屁理屈をこねて我を張らず「ひょっとして霊魂や霊界は存在するかもしれない。自分でも調べてみよう」と行動を起こす方が大切です。行動がなければ何事も体験出来ないことの教えであります。目には見えなくても大自然、大宇宙、人体の不思議を考察すれば、人間は全てを与えられ、大自然の動植物や宇宙の中に全ての教えが含まれていることに気付くでしょう。

パリサイ人とサドカイ人とが近寄ってきて、イエスを試み、天からのしるしを見せてもらいたいといった。イエスは彼らに言われた。あなたがたは夕方になると『空が真っ赤だから晴れだ』と言い、また明け方には『空が曇って真っ赤だから、今日は荒れだ』と言う。あなたがたは空の模様を見分ける事を知りながら、時のしるしを見分

ける事が出来ないのか。邪悪で不義な時代は、しるしを求める。しかし、ヨナのしるしのほかには、なんのしるしも与えられないであろう

（日本聖書協会訳「マタイによる福音書」第一六章）

神の国はいつ来るのかと、パリサイ人が尋ねたのでイエスは答えて言われた。神の国は見られるかたちで来るものではない。また、見よ、ここにある。あそこにある。などとも言えない。神の国は実にあなたがたのただ中にあるのだ」

（日本聖書協会訳「ルカによる福音書」第一七章二〇節）

自分の狭い殻の中に閉じこもらず、他人から教えられる事を当てにせず、自ら探究することの大切さを述べているようです。真実は身近な自然の中や人間の身体や心の中にある。形や理屈にこだわりすぎると、真実は見えなくなるようです。

霊能者について

さて私の趣旨は、心霊や死後世界の存在証明では有りませんので、今後はこれらの存在が現実であるとの前提として話を進めてまいります。

これから様々な心霊体験を述べて行く訳ですが、常に重要な役割と指導をいただいた霊能者について記してみたいと思います。

我々人間は、平素は神や仏は居るものかと豪語しても、ひとたび受験や病気、災害に遭えば神仏にすがりたくなり、神仏の助言や助けが本当に欲しくなるものです。しかし幸か不幸か神仏の姿は大方の者には見えも聞こえもしません。苦しい時の神頼みは、人間誰しも心の底に潜んでいるものです。そこで究極の選択を迫られた時、霊能者や宗教に頼りたくなるものです。

何処の地域でも、一人や二人は物当てをする霊能力のある方がいらっしゃいます。我々には見えない物や聞こえない音を判読出来るようであります。意識を集中させるためか太鼓を叩いたり、祝詞やお経等をあげる人や仏像を拝む人、水晶を覗く人等、それぞれの特徴があります。

私の経験の中には、全く何にもせずに物事を回答する人達がいました。自分の思っている事や死者の事を言い当てたり、運勢を予言したりと、ビックリするものであります。しかし、注意深く見ていると、回答のヒントとなるような事を無意識に相談の時に話しているものです。だが、何にも言わないのにズバリと当ててしまう方もいます。

そこで宗教の教祖や霊能者は、本当に神とのコンタクトが出来て、神の言葉を伝えているのでしょうか？　霊能者や宗教を説く教祖は沢山います。しかし何が本当でなにが間違いなのかは、判断が大変難しいものです。これらは本当に神から来た回答やお告げなのでしょうか？

　私は霊能者や教祖の能力は当然千差万別であると認識しています。そこで私は次の点を参考に、宗教や霊能者の判断をしています。
①その人の人格や言動に矛盾や不審な点はないか。
　宗教家、霊能者として、立派な教えや導きをするが、実際の本人の日常生活は言動が一致しているかどうか。
②歴史上の有名人の生まれ変わりと称していないか。
　前世はキリストや釈迦、大指導霊、歴史上の大人物と称しながら、それ相応の人格者であるか？　転生の事実をどのような根拠があって自称しているのか。
③威圧的で不遜な態度はないか。
　人間の弱さを熟知している神仏、高級霊（個人の指導霊であっても）は、有頂天になる愚かな人間の判断力を狂わせるような事柄（汝の指導霊である。汝を指導しているのは何がしの神だ、仏だなど）を、自ら名乗る事は百%有りません。まずもって「能ある鷹は爪を隠す」の格言が、人間界にすら存在する事を思い浮かべるべきです。賢人や覚者の態度が威圧的であったり、不遜で権威主義的であろうはずがありません。我れこそは如来、菩薩、あるいは○○の神や命、などと言いながら現われる霊程、偽物が多い事を知るべきで

す（実るほど頭を垂れる稲穂かな）。

④お供えとして沢山の金品や物を要求し、また厄除けなどと物品を販売していないか。

人間は霞を食して生活は出来ません。ある程度の相談料は止むを得ませんが、請求額が法外であったり、弱みにつけこんだ商法には要注意（神仏は物を欲しません）。

⑤神掛かりとならないか。

クネクネしたり、飛び上がる、奇声を発する。やたらと神様のお告げなどと称していないか。神仏が異常な言動をとるはずもなく、自らを神と称する筈もありません。

⑥物事を先祖や動物霊、悪霊の祟のせいと決め付けていないか。

何代先祖がと言われても理解出来ません。具体的説明不足や、単なる悪霊が付いているなど、漠然としたものには要注意です。もし神とか、菩薩などのお告げであれば具体的に見通しが出来るはずです。

⑦信者の勧誘や教えの宣伝をさせていないか。

信者を勧誘すれば幸福になれるなど、入信したばかりの信者に布教は無理な話です。信者の勧誘よりも、各人の自己修行が優先のはずです。

⑧病気を治し悪霊を祓うと豪語していないか。

新宗教や霊能者は悪魔祓いや病気治療が専門とは思われません。霊能者の得意分野の一つであっても、宗教は人間としての生き方についてのアドバイスが本領のはずです。祈祷料としての金額が高すぎるのも要注意です。心の在り方を示すのが宗教です。
⑨祈祷的なおまじないを強制しないか。
祈祷しないと不幸になる。このままでは死に至る等と無知につけ込んだような、脅しには乗らず冷静な判断を。
⑩身代わりに自分が背追い込み、治すと称していないか。
他人の人生の身代わりは出来ません。自分の蒔いた種は、自分で刈り取るほかはありません。良い種は、良い実りを保証します。無論適切な栽培方法は必要条件です。
⑪方位やお墓のせいにして具対策を示さない。
改築や墓石の建立、仏壇の買い替え等で運勢が良くなるとか、業者の紹介をする。方位やお墓、改築で幸福にはなれないはずです。心のあり方こそ変えるべきでしょう。如何なる理由で間違いがあるのか、こちらの具対策を示して欲しいものです。

霊能者自身に私が経験したような「ささやきの声」が聞こえたとしても、その声の主が直ちに神仏や善霊（守護指導霊、天使）であるとは限りません。たとえ悪霊であっても、全く人間に理解出来ない事が、次元の違う所にいるので、ある程度はこの世の視界がきくのです。物事の一つや二つは当ててしまうことが出来るのです。本当の意味で心眼が開けたならば、神のお告げとか何かに依存せずとも全ての事が理解出来るはずです。相談者に聞かなくても本人のアカシック・レコード（この宇宙で起った全てが記されていると言われる記録）には人間個人の情報も当然記録されているはずです。個人の記録に関しては、魂のエネルギー体の中にも記録されているはずで、それを見れば良いのです。過去から現在まで全てが解ってしまいます。

そこまでの霊能力が開発されていなければ、指導、守護霊に聞けば分かるはずです。やたらと神や仏の名前を出さなくても良いはずであります。

にせ預言者を警戒せよ。彼らは羊の衣を着てあなたがたのところに来るが、その内側は強欲な狼である

（日本聖書協会訳「マタイによる福音書」七章一五節）

そうイエスは述べて、注意を喚起しているではありませんか。

たとえばＩＱが高く高学歴であるからといって、人間性が高いとは限らないように、ある程度の物事の予見等が当たっても、霊性が高いとか神のお告げとは限らないのです。

世界中の人間が「神よ！　仏よ！」とお願いすれば、神仏は答えてくれるのでしょうか？　世界中の人々は常に何らかの問題を抱え、神仏に祈っています。神仏は人間に必要なものは全て与えております。困りごとの全てを神仏に全託してしまうのは、考えものであります。

私にむかって、主よ、主よ、と言う者がみな天国にはいるのではなく、ただ、天にいますわが父の御旨（みむね）を行う者だけが、はいるのである

（日本聖書協会訳「マタイによる福音書」七章二一節）

神が直接霊媒に働き掛ける事は絶対に有りません。いかなる人間といえども神と直接交信することは出来ません

（潮文社「霊訓」より）

明日をも分からない状態での人生ですから、苦しく救いを求めたい事態があるのは当然です。我々がどのように乗り切るかの試練ではないでしょうか。レールの上を走って居れば無難で事故も起こりませんが、明日も分からない盲目のような人生であるがゆえに、人生の修行になるはずであります。

人間、事ある毎に決断をして行かなくてはなりません。結果的に間違った決断でも良いではありませんか。間違いの経験が次の間違いを防ぐ反面教師になるはずですから。色々な場面を体験して賢くなって行くはずです。

宿題の問題が分からない子供が両親に安易に答えを求めても、すぐ教える親はいないはずです。何故なら自分で苦労して考える所に勉強の意味があることを知っているからです。

自身の回答の結果、例え間違っていても、間違いに気付けば同じ間違いを二度と繰り返さないからです。間違いの原因が何処にあるかを探ることが勉強ではないでしょうか。

我々も間違いを恐れず、チャレンジする勇気が求められて居るはずです。とすれば、全知全能の神が安易に回答を、直接我々人間に与えてくれるでしょうか。私は疑問に思っています。

我々自身には時としてヒラメキが有ります。これは指導霊を通じての神仏からの導きではないでしょうか。前記の如く、神仏が直接人間にコンタクトする事はないと私は考えるのです。また、「インペレーターの霊訓」によれば、「地上の人間で直接神に近づける者は一人もいません。その中継者として、神は天使をつかわします」と述べています。

また「宇宙には比較にならない、無数と言って良い程の意識や観念が飛び交っている。高級霊からの物もあるが、それを妨害したり、それらしく装っては実はニセの情報を流している低級霊の集団からの物もある。そこに予言のハズレや霊言のいい加減さが生じる原因がある」

このような事から、霊能者や宗教家の言葉全てを、神からの言葉だとして全面的に信用せず、自分の悩みの原因は何処から来ているのか、なぜ発生しているかをよく考える事が大切だと思います。熟慮すれば、己の考えや行動が真理から外れた結果、其の度合いの分だけマイナスの結果が生じていることに気付くでしょう。

一般的に霊能者は女性が多いようですが、その理由は妊娠出産の役目があります。つまり動物としての人間のからだに霊魂が宿る必要があり、霊道が開けて居るからなのです。霊界とのコンタクトが男性より容易に導通できる仕組になっているのです。

この世には色々の宗教の教えや迷信も多く、自分自身が不幸になる事を恐れ、なにが正しい判断かも解らず悪習に染まってしまった現在、何が物事の真理であるかを体験の中から学ぶのが、人生の目的の一つでもありましょう。

神とはなにか

人が生きて行く上で困難や逆境に遭遇した時、難病や絶体絶命のピンチの時、文明人と自負しているはずのほとんどの人々が、思わず神仏にすがるものであります。神や仏が居るものかと豪語していても、弱き者それは人間であります。

さて、神とは一体何者で、何処にどんな形で存在しているのでしょうか。人間の知識や能力を遥かに超えた、絶対的な存在を一般的に神と認識しているように思います。しかし何故か、動物や人間、物体等がお社の中に祭ってあったり、自然界の石や樹木であったりします。はたしてこんな物が神であったり、神が宿っていたりするものでしょうか。まして は、お金やお酒、物品を欲しがる筈がありません。また、神仏にお願いしなければ、ご利益はないのでしょうか。

金田一京助監修の国語辞典に、神は次のように記されております。

①人の知恵で、はかり知れないもの。

②死者の霊。

③神社に祭られた霊。

④宗教的信仰の対象となるもの。

なるほど①から④の説明の通り、この解釈をすれば日本に八百万の神が存在してもおかしくはなく、④の信仰の対象となるものが、全て神であるとすれば驚きでもあります。この中で問題なのは②③の霊と④でありましょう。

人間界においても、人格の高い人や低い人があるように、死者の霊も生前の人格のままに、霊格の高低があるはずであります。死者の霊がすぐに神仏と成り得るはずもありません。歴史上の人物が神として祭られた神社も多く存在しますが、全てが偉人であるとも思われません。時には神として祭り上げる事によって、災いを避けようとした事例も有るようです。

④に至っては崇める対象に成り得ても、神ではないように思います。神の存在を感じた人は沢山いらっしゃるでしょうが、たとえ霊能者でも神を見た人は皆無だと思います。それでは神とは一体なんでしょう。

「神とは、宇宙をなさしめている所の意識体（宇宙そのもの）」

「地球的には万物万生の成り立ちそのものが、神の意思の現われである」

この言葉が一番理解出来るように思われます。

それは「人の知恵では計り知れない、不思議なエネルギー意識の力の本体が、一定の法則に基づいて働いている」事を述べているのです。

「大宇宙という物質の世界を支配している高次元の精妙なエネルギー意識体、心こそ神そのものである」

（高橋信次著「心の原点」より）


この定義が私を一番納得させてくれます。

神とは至上の英知、一切の第一原因である。
人間の言葉は有限だから、到底それを表現できない。最高の賢者の知性を持ってしても、及ばぬものがあることを知っておかねばならない。（「霊の書」潮文社）
ここで、神についての真実の概念を申し述べたいと思います。人間的属性を具えた人格神としてではありません。神々しい人間神としてでもありません。全宇宙に瀰漫[注]し、普及する普遍的大霊としてです。（…中略…）
神は一個の人格を具えた存在などではありません。どこかの一地点に鎮座ましますのではありません。すべてに浸透し無始無終に存在し、すべてを導き、すべてを愛されるのです。肉体に宿る人間はどうしても限りある形態を想像します。我々の知り得た限りでは、神は限りある人格神ではなく、ましてや一個の人間となって誕生したこともなく、人間的影響力によって動かされることなど断じて有りません。

一方において我々は、神を一種のエネルギーとして形づけんとする致命的な誤りを避けねばなりません。（…中略…）神のことを宇宙に瀰漫する根源的大神と心得るがよろしい。父なる存在、という言葉がその正しい概念を伝えております。大自然そのものは神ではありません。その大霊が顕現した相にすぎません。

（「インペレーターの霊訓」潮文社）

これらの引用が全ての疑問に回答を与えているし、物事を判断する重要なヒントを含んでおります。

神の意識とは

大宇宙、大自然は一定の法則に基づいて運行しています。それを支配している所の意識が神の心であるとすれば「大宇宙、大自然の成り立ちを注意深く観察すれば、神の意識」が理解出来るでしょう。太陽系の惑星や地球は、秩序を保ちながら自転、公転しています。

この姿は①「一定の法則、調和と秩序」を教えています。

また、人間が生きて行く為に必要とする酸素は樹木が放出し、樹木は人間が排出する二酸化炭素を吸収しています。（法則性とバランス）

動物は草を食べ、草木は動物の排泄物を栄養としている。（八相円融）

この両者の絶妙の関係を見れば②「相互依存と循環（輪廻）」の姿を教えてくれます。人間や動物草木とて、単独では生きて行かれません。ここから学ぶべきは、相互依存の関係によって、お互いに生かされているという事に気付かされます。

この現実から学ぶことは③「感謝と報恩」でありましょう。そして、この大きな法則と循環が実現する為には、暑過ぎず寒過ぎない太陽の熱と光です。とても人工的にこの光と熱量を無限に作り出す事は不可能です。この様に地球の万物に、公平にあまねく光と熱を与え続ける姿は④無所得の「慈悲と愛」を教えてくれています。

つまり神とは【宇宙をなさしめている所の精妙な意識体（宇宙そのもの）。地球的には万物万生の成り立ちそのものが、神の意思の現われ】であり、神の心とは【一定の法則、調和と秩序・相互依存と循環（輪廻）・感謝と報恩・慈悲と愛】でありましょう。

宗教とは

次に宗教について述べてみましょう。宗教の宗という字を分解してみると、ウ冠の下に示すと書きます。こじつけのようですが、宇宙を示すと受け取る事が出来ませんか。前記のように神とは宇宙の意識そのものでもありますから、宗教とは宇宙を示す神の教えとなります。

ありのままの宇宙の法則を見れば、神の心の現われである大自然の成り立ち、法則を知る事が出来ます。宇宙や地球における大自然の成り立ち、法則を観察すれば次のようなことに気づきます。

銀河系やその惑星の秩序ある法則に従った運行は毅然たる規律ある姿を、銀河系の円運動は悠久の規則性の中の輪廻の姿を感じます。地球の動植物の生きる姿は相互依存による共生の必要性を示しております。生かし生かされていることに感謝の必要性を感じずにはおれません。

これらの事から、

①法則にのっとった厳格なる規律ある生活。
②自我我欲を戒めて生かされていることへの感謝や報恩の心を持つ。
③万物に対し慈悲と愛の心で接する。
④魂は永遠に論廻するがゆえに、霊魂の向上に努力する事。

この教えを実行する事により、①慈悲と愛の心が報恩として互いに輪廻して、②慈愛に満ちた心が育ち、魂のエネルギーが高まり、③宇宙の実相が理解出来る程の悟りの境地に達することを宗教は示しております。

絶えず向上心を持って努力する事が、人間の使命であり人生の意義であると考えます。

宗教によって救われるか

諸々の宗教はそれぞれの教祖や神仏の教えを説いておりますが、人間としての在り方の教えの他に、解釈によっては利益誘導の様な教えにも受け取れかねない、紛らわしい教義も存在しがちであります。それ故に、教えを説く人の人格や力量が問われる事となります。次に宗教の言葉として理解しずらく解釈によっては誤解を生む言葉をみてみましょう。

●信じるものは救われる

この言葉は「神仏の教えを信じ、実行に移す生活を続ければ幸せになれる」との教えでありましょうが、○○教を信じるその信者だけが救われるような言葉として、錯覚を起こさせる言葉でもあります。

神仏であれば、信者だけではなく無知な人も、物事がわからない幼児も、物心両面で困っている人全員を救って欲しいと感じるのは私だけではないでしょう。この言葉の言わんとするところは、宗教の信者でなくても、まずは正しい真理を信じて実行するものに、良い事が結果として現われるとの言葉でありましょう。

●求めよさらば救われん

真実を求め努力しないことには良い報いは来ないとの教えでありましょう。しかし「神よ、仏よ、救ってください、助けてください」とお願いすれば良いようにも聞こえがちです。注意を要する表現であります。

●信者を勧誘すればあなたも救われる

●神の御言葉を人々に延べ伝えよ

困っている人が導きにより救われたならば、ある意味では導き手も救い主と言えるでしょう。しかし、信者を増やすことで良しとする方向にならないことを祈ります。誤解の無いように、真理の道を求めている人に、手を差し伸べることは大変意味深いものであります。「情けは人の為ならず」の諺のように、いずれプラスの要因があなた自身にブーメランのように戻ってくる事でありましょう。この様に表現して欲しいものです。

●お布施をすれば幸福になれる

我欲を離れ足りる事を知り、施しをする事は大切なことです。相手からの要求や強要された金品がお布施と言えるのでありましょうか。また、教団や教会等に寄贈する事だけがお布施ではないはず。文字通り布を施した事から、お布施の語源となったはずです。相手の為になることをさりげなく施す、これがお布施の原点でありましょう。

●宗教本部にお参りすれば報われる
●信仰すれば病が癒される
●先祖供養をすれば子孫が繁栄し金持ちになる。

この様に、話手や聞き手の解釈により、どうにでも受け取れる教義のようなものが存在していますので、十分にかみしめて解釈する必要があります。

また、信仰の中には、例をあげたらきりがない程のご利益が、用意されている様にも受け取れがちです。そして、かならずお金が伴うのも多くあるようです。そして、テンプラや卵、お酒と物品を要求するような祭られた神様も存在しています。

神が本当にお金や生贄や品物を、要求しているのでしょうか。そんな筈はないと頭では誰しもが理解しております。理解していても現実の不幸や苦しみの中にあっては理性が麻痺しております。それ故、人間誰しも不幸な境遇に陥った時、神にすがるものです。

このような時こそ人間とはなんであるのか、人生とはどういう意味合いがあるのか、神とは何か、宗教とはなにか、じっくりと考え取り組むチャンスがやって来たと認識すべき時であり、神仏の導きの時でもあります。

しかし眼前の心配事でゆとりがなく、この事柄に気付くのはなかなか難しいものです。

ものを要求する神仏や現世利益を誘導する教えにすがるのはなしにすることです。大宇宙の真理や法則に気付いた時、宇宙の偉大さと生かされている有難さに感謝の心が湧き、慈悲と愛の心で報恩の行動を起こすならば、自然と心は安らかになり不安や迷いから救われるに違いありません。

太陽の光が善人、悪人、貧富や男女、年齢の差別なく平等に熱、光のエネルギーを与えているのと同様に、常に神の心と繋がっていることを感じれば、これ以上何を望むのでしょうか。人間に十分な酸素、熱、光のエネルギー、食物、動物、鉱物、植物、水、全てが与えられております。

これ以上の物は何を望んでも、直接神は与えはしないでしょう。足りることを忘れ、私利私欲をむき出しに、執着と欲望のままに生きていたならば、神の光を自らさえぎり、苦しみを背負ってしまうのです。これが宇宙の教え、宗教であります。

宗教が大宇宙の教えであり、大自然の姿、働きが、神の心であると認識し、その成り立ちを理解して、日々の生活の中で実行すれば、結果的に宗教（宇宙が示す万物万象のあるべき姿、因果律）で正しい結果が現われ、現世的な利益ではなく、魂が救われる事になるでしょう。物品や供物を捧げて祈っても、救われる道理がありません。正しい神仏の教えは、人間の心のあり方と生き方を教えているのですから。

信仰とは

「神・仏をあがめたっとび帰依すること」（金田一京助監修の国語辞典）とありますが、敢えて私は〝信行〟と呼びたいと思います。

なぜなら、物事全てが知識のみではどうにもならないからです。物事を知らないより博識の方が良いに決まってますが、知識を元に行動を起こす事がより大切だと思います。

行動、実践の重要性について、石上善応氏は「仏教経典の世界」の中で、中国禅家の大家である徳山宣鑑の若かりし頃のエピソードを紹介しています。

「金剛般若経」に精通し、とくにその注釈などの字句に関しては、右に出る者なしと誇る程になったその徳山が、「金剛般若経」の注釈書を背負って、峠の茶屋で点心を頼んだ。するると茶屋の老婆が、「答えられたらただで点心を差し上げよう」と言った。

その質問は「金剛経に『過去心不可得、現在心不可得、未来心不可得（著者注：過去の心はとらえようがなく、未来の心はとらえようがなく、現在の心はとらえようがないからである）』とあるが、その中のどの心で点心という心を食べようとしているのか」というもので、ついに徳山は答えられなかった、と述べています。

字句のみに精通していても、その本質を実践的に体得しなければ、般若（古代インド語のパニャーの音訳で智慧、心の中から湧き出してくる仏智）の世界は得られない。ただ論理の世界ではなく、実践修行によって体得すべき世界であると考え、一から修行してやがて修行のきびしい徳山として有名になったのであります。

例えば楽器の演奏方法や体操のウルトラＣの方法を知っていても、実際にはすぐに演奏やウルトラＣの実技が出来るとはかぎりません。実際の自分の物とするには、練習という行動の実践継続が必要であることは言うまでもないでしょう。

信仰もこれと同様で知識だけに止めず、信じて行動することで自分自身の血や肉となるでしょう。行動で実践する事により、知識から智慧（仏教用語で知恵とは区別して、正邪を分別する正しい判断力。また、単なる知識ではなく、あらゆる現象の背後に存在する真実の姿を見抜く事のできるものの意）と変わっていくと仏教では教えております。

また行動する中において色々の問題が生じて来ます。これをいかにして解決しょうかと、努力する事が修行（知識を実際の行動により修める）となるのです。

通常信仰とは、神仏の教えを尊び実行に移し、神仏の心に近づく努力を行う事でありますが、神仏の心とは一体どのようなものでありましょうか。ここで神仏の心の現われとしての一つの例をあげてみましょう。

私たちが肉体に切り傷を付けてしまっても、いつの間にか傷がふさがり、かさぶたとなり治ってしまいます。また、食べ物をどんどん流し込み、ああ美味しかったと当然のごとく満足しています。このような状況下で、肉体においては一体何が起こっているのでしょうか。

たとえば切り傷の場合「このままにしておいたら出血多量となり危ないことになる。よし、直ちに血液を固め出血を止めよう。次に傷口からのバイキンの侵入を食い止めよう。次の段階には肉体組織の増殖を盛んにして傷口を塞ごう」と、このような指令を次々に出さねばなりません。しかし、だれ一人としてこのような命令を出す人はいないのです。

次の食事に関しても、実に驚くべき仕事をなしております。口は食物を砕くのが仕事でありますが、食感を感じ、食道の通過をたやすく、胃の消化も助ける様な幾つもの役割を受け持っています。次の胃も腸も同様であります。自身の持ち場の仕事をするだけではなく、次に関連する器官にとって、最良であるような働きをも併せ持っています。心臓も一秒たりとも休むことなく、勝手に運動量に比例した血液の送り出しをして、体調を整えております。人体の全ての臓器についても当然同様のことが言えます。

これらの全ての役割を担っている肉体細胞に、だれ一人として命令も、神様にお願いもしてはいないのです。秩序正しく且つ厳密に、自分の役割を当然のように果たしております。自分その者であるはずの肉体ですら、自分が意識して動かしてはいません。逆に自分の肉体に、いつも健康体で永遠の命を望んで命令しても自由にはなりません。この事実は肉体と魂が別であることをも示しています。つまり生きているのではなく生かされているのです。更に次のような事柄でも肉体と魂の違いが理解できるでしょう。

妊娠初期において、つわりの症状が現われます。今まで大嫌いであった物が急に食べたくなったり、これまでの好物が嫌いになる等、本人も驚くような状況になるものです。何故このような現象が起こるのでしょうか。私は自分と違う魂が新たに宿った為に、母体と子供の意識との調和が取れない為に、つわりの症状や好き嫌いの変化が起こると確信しています。精神的にも肉体的にも新たな命と魂が、母体との調整が取れるようになると、つわりも取れてくるのではないでしょうか。

少し話が飛びましたが、細胞の一つ一つに至るまでの全てが一定の法則性の元に、まるで意識を持つ人格のように自分の持ち場の仕事を行っております。このような仕組が、神の心の現われでなくてなんでありましょう。

次に人間と自然界を見ますと、植物は人間の吐く二酸化炭素を吸収し、酸素を供給しています。人間はその酸素なしには生きて行けません。また動物は植物を食用とし、植物は動物の排泄物を栄養源として生きています。

このような状態を前記のように八相円融と言います。つまり四方八方が円のように繋がっており、お互いが密接に連係しあっている状態を意味します。人間の肉体や自然界の当然と思っている現象を深く洞察してみる時、自分自身のエゴや、幸不幸、利己的な生きる権利などを、誰に向かってこれ以上主張し要求出来ると思えるでしょうか。やはり人間は生きているのではなく、生かされていることに気付くべきです。この時感じるのは「肉体細胞のすごさに驚かされる事と、生かされている事への感謝」の心でありましょう。

人間の原点はここからスタートしなければなりません。感謝の心から発するものは、報恩しかありません。神の心を感じ報恩の心で物事を行う。人生の生き方の指針であり、宗教の原点でもあります。これが宗教であり、信行でもあります。

神仏参りや、お墓参り、お経をあげる、神仏にお布施をする、このような事柄が信仰ではないはずです。

空の鳥を見るがよい。蒔く事も刈る事もせず、倉に取り入れる事もしない。
それだのに、あなたがたの天の父は彼らを養って下さる。
あなたがたは彼らよりも、はるかに優れた者ではないか。
あなたがたのうち、誰が思い煩ったからとて、
自分の寿命をわずかでも延ばすことが出来ようか。

（日本聖書協会訳「マタイによる福音書」六章二六節）

修行とは

報恩という知識を実際の行動となし、智慧となるよう実行努力する事を修業ではなく修行であると私は申し上げたい。

人間の人生における全ての事が、毎日の修行であるように思います。つまり、なにも宗教的行をする事に限ったことではないのです。

ここでは宗教の修行について述べたいと思います。特に仏教では一般的に出家して山にこもり荒業をする事が修行の一つのように思われますが、体の鍛錬としては充分でも本当の修行にはならないはずです。なぜなら、あの偉大な仏陀さえ、肉体行では悟りを得ることが出来なかったのです。修行は我々の毎日の生活そのものの中に存在するのです。たとえば神の心である【秩序ある法則、無償の愛、慈悲の心】を実践するとしましょう。

急いでいる時のバスやバーゲン売り場、タクシー乗り場での秩序ある法則に従うこと。あるいは会社や約束の時間に遅刻しそうな時の道路の遅滞等、つい、割り込みやスピード違反をやりそうになってしまいます。忙しい生活のなかでイライラしたり怒ったりしますが、【慈悲と愛の心】はわかっていても実行は難しいのです。余裕を持った行動と心を平静に保つことも、意識した努力や心がけが必要であります。

日常の中にあるこれらが、修行でなくてなんでありましょう。毎日の生活の中にこそ修行が存在するのです。

夫婦の物事の考えの違い、子供の教育のこと、隣近所のこと、何一つ自由になるものは有りません。更に、学力の有る無し、容姿や体型の違い、家庭環境、仕事や同僚のこと、何気ない生活の中に、まだまだ数えたらきりがない程の格差や摩擦が、生じているはずであります。のちほど述べることにもなりますが、家庭や能力、環境は自分の魂の修行にとって最良の条件として、自分が選んで来た事実を知る事となるでしょう。自分の行った結果が苦しみであり困難であればある程、チャレンジ精神で取り組まなければなりません。これらの事柄は自分が自分に与えた試練であり修行の場であります。出家や荒行をせずとも日常生活の中にこそ修行ごとは山程有るのです。

「貪（むさぼ）りの心や執着の心から、どのようにして離れるか。そして心を豊かにする努力」

これこそ修行の第一歩であり人生の究極の目的であります。なぜなら心（魂）こそが我々の本体だからです。心が望んだように行動となり結果となるからであります。

魂が向上する為の手段として、地球という物質界と動物として最上級である人間の肉体を必要として合体し修行しているのです。

道を収める者は、その一歩一歩を慎まなければならない。志がどんなに高くても、それは一歩一歩到達されなければならない。道は、その日その日の生活の中にあることを忘れてはならない

道を求めて進んでいく事は苦しい。しかし、道を求める心のない事は、さらに苦しい。この世に生まれ、老い、病んで、死ぬ。その苦しみは限りがない

（仏教伝道協会訳「仏教聖典」四十二章経）

狭い門からはいれ。滅びに至る門は大きく、その道は広い。そして、そこからはいって行く者が多い。命にいたる門は狭く、その道は細い。そしてそれを見いだす者が少ない

（日本聖書協会訳「マタイによる福音書」第七章十三節）

先祖供養について

世間的に「先祖を粗末にしているから罰が当たった」とか「先祖が浮かばれていないから祟が有った」等と先祖の供養を説いています。しかし先祖が子孫を憎かったり、ましては罰など当てて悲しませる事など考えられません。

ただし、先祖が苦労を重ねて開墾して田畑を起こした。又は、ゼロからのスタートで事

業に成功した人達の子孫が、遊興三昧で資産を食いつぶした場合は、怒りの表明として何らかの意思表示をする可能性はあるかもしれません。

これは先祖の罰ではなく、当然本人の自業自得であります。先祖が罰を当てたと言えば、なんとなく先祖が悪いような錯覚におちいりますが、悪い事をしているぞとの忠告でもあるはずです。また、お墓まいりや仏壇にお花をあげる行為のみが、はたして先祖供養と言えるのでしょうか。チベットやインドにおいては、お墓参りの風習はないはずです。

仏教そのものは「生きて居る内の心の在り方」つまり欲望や執着からいかに離れ、迷いの道から脱却して悟りの境地に達するかの修行の在り方の教えであります。日本の現在の仏教は、死んだ時とその後の年忌や命日での供養（お供えをしてお経を唱えてもらう）等の死後の行事と化しています。

「人間は死んだらおしまいよ」と言いながら、信じてもいないであろう死後の霊魂の供養が重要視されているのも不思議なものです。矛盾もはなはだしい限りです。このような形式的なものだけが先祖供養ではないはずです。

祟りとは

それでは祟りとはどのようなものでしょうか。

「神仏、または怨霊の罰。霊が災いを下すこと」（金田一国語辞典）と説明されますが、私は漢字の成り立ちの如く「出で示す」つまり死者や先祖、人間、動物が、文字どおり自分の怒りや悲しみ、あるいは喜びの思いを何らかの形で表現する現象をいわゆる祟りだと思っています。

一方、祟られる側にとっては、自分自身に何らかの間違いがある為だと自覚する必要が有るでしょう。霊界で成仏出来ず苦しんでいる先祖霊や悪霊たちが、救いを求めたり恨みを晴らしたりする為に、自分と心の波動（考え方や欲望）が一番近い人間に憑依して不可解な現象を起こすのです。

以下に順次述べていきますが、不可解な事が起こったら、この現象はいかなる理由で起こっているのか冷静に分析すべきです。特に憑依霊現象は恨みや怒り、欲望の表現現象でありますから、その人の体を使って次のような行動を起こします。

①深酒をしたら性格が一変する。
②お金や物に異常に執着する。
③異常な言動をする。（非現実的な事や、つじつまの合わない話をする）
④一人でブツブツと会話をする。
⑤肉体的な苦痛を感じる。今までにない特徴的な癖のあるしぐさ等が出る。

これらは、表面では何かと自分の心を抑制していても、心のうっぷんが発散できず、内在された怒りや欲望が表面に現われる場合もありますが、霊的な場合はなんの理由もなく憑依（祟る）するのではなく、自分と同様の考えや行動パターンをいつも持っている人間に、同調しやすいために憑依するのです。

例えばドミソの音は振動数が倍数関係にある（例えば一〇〇ヘルツと二〇〇ヘルツ）ので、溶け合って同調する為に共鳴しているのです。

人間の憑依現象も同様の原理から起こっています。人間の思いや念ずる心がエネルギーとなって常に発散されているのです。霊眼の発達した人にはこれらのエネルギーが、特色ある色彩を帯びた物として見る事が出来るようです。

音と同様に同じエネルギーの振動数であれば、人間の心の波動も共鳴して導通するのです。憑依現象もこの様に科学的に証明できるのです。初対面にもかかわらず好ましい感覚や親しみを覚える時は、お互いの発している心の振動数が同じか、倍数関係にあるために共鳴し、そのように感じるのです。心が高い次元であっても低い次元であっても、お互いに共鳴するのは当然であります。

低い次元の悪霊に祟られたからといって、単にお祓いをしてもらえば終わる問題でもなく、その人の生活行動や考え方を正さない限り離れる事もなく、例え除霊してもすぐにまた憑依されるのです。

心は「一念三千」と言われ、ころころと変化し、思うだけでその想念は瞬時に三千の世界に通じるとも言われます。心のエネルギーは距離や時間に関係なく、何処に居ようと一瞬にして導通するからです。

悪霊などと導通するような次元の低い邪な思いや、考えは捨てることです。丸く豊かな心は、粗雑な波動などをはね除けてしまいます。祟りなどとは無縁です。常に心の在り方を正し、邪な行動は避けるべきです。

正しい先祖供養とは

それではどのような方法が正しい供養のあり方でしょうか。たんに儀礼的習慣でのお墓参りや、朝晩の仏壇へのお水あげ等の習慣ではありません。心より先祖の霊界での成仏（仏様のような境地に達する事）を願うことです。霊魂の存在を否定される方は論外でしょうね。

世俗的には、もしも先祖に対して悪い事をしたと気付いた時は「先祖の皆さんの苦労を知らず恥知らずの事を致しました、どうかお許しください。二度と同じ間違いは致しませんと心から詫びることです。仏壇等（本来は仏壇や位牌、お墓は必要不可欠な物では有りません）がなければ、心をしずめて声に出さなくても念ずるだけで心は通じるのです。一念三千の世界ですから、心から念じれば時間や場所は関係ないのです。このように念ずる、話し掛ける事も立派な先祖供養の一例です。無論、先祖に対する感謝の気持ちの表われとして、ローソクや線香を灯すのが誤りではありませんが、心のこもらない形式的なものは意味がありません。

キリストや仏陀の時代、教えを述べ伝える時、電気の変わりにローソクを灯し、虫除けと体臭防止、心を落ち着かせる為にお香を焚いていました。この事が形式化されて現在まで残ったものでありましょう。

また、先祖供養とはお墓や仏壇の前で、我々も理解出来ないお経を他人に儀礼的にあげてもらう事ではありません。

先祖の皆さん、今私たちは皆さんの努力のもとに、大変幸福な生活をしております。我々人間は死んだらおしまいではなく、あの世には極楽浄土と地獄も有るそうですね、自分の一生を振りかえり、父母や兄弟、隣人や同僚、諸々の人々に

①自己中心的ではなかったか。

②人々に恨みや妬みの心で接しては居なかったか。

③私利私欲にまみれていなかったか。

④地位、名誉、財産に執着しなかったか。
⑤他人に無私の心で何をなしてあげたか。

心静かに反省の時間を持ってください。人間だれしも過ちは有るものです。間違いは潔く反省して、清々しい気持ちに成って下さい。きっと天国に行けると思います。私達も同じ様な気持ちで生活を致しますのでご心配はいりません。このような事柄を念じたり、話し掛けることが大切です。

（高橋信次氏の講和より）

この様に念じ唱えることが、生きている人間にも理解出来ないお経よりも何倍も役立つでしょう。立派なお墓を作っても、いつまでもお墓や位牌に住み着いてもらっても困りものです。生者も死者もこの世での一生の反省と意義をかみしめ、心の垢を落とした時、霊界での自分の成すべき事が自然と理解出来て来るはずであります。

供養の仕方で「呼びかける、念ずる、話しかける」事を記しましたが、お経をあげたり果物や故人の好きな物を供える事が間違いではありません。死者の初期の状態では本当に食べているようですが、いくら食べても満足出来ないようです。

霊界では現世の物は食べられない事に気付くまでは時間がかかります。そして時間の経過と共に自分を大切に思っていてくれる事は、先祖も理解出来るようになってきます。ただし飢餓界に落ちた霊は、貪るように食らいつき、人の話など耳に入らない状態のようであります。早く死の自覚を持ち、現世での出来事を振り返り、反省するよう話しかけることが大切であります。

更に、お経に書かれている意味を、わかる言葉で話すことがもっと大切だと思います。

それではお経とは、いったいどのようなことが書いてあるのでしょうか。

お経について

お経について簡単に述べておきたいと思います。仏陀が人生の在り方について述べられた事を、仏陀の死後に弟子であった者達が結集し（紀元前四八三年）、口伝であった説話を弟子達一同で再確認しました。その後文章としたものであります（これ以後に仏陀が直接述べられたこと以外も、経典として加えられて伝わっているものもある）。

経典はスートラと呼ばれ、縦約六センチ、横約四五センチの樹葉紙に横書きでパーリー語やサンスクリット語で書かれています。その後、三蔵法師等により中国に渡り、この文章を漢訳したり、解らない所はそのまま音訳されたようです（発音をそのまま漢字の音読みで当てはめた）。

この仏典がそのまま日本に伝わった為に、日本人には意味不明のお経となってしまったのです。経そのものは、仏陀の説かれた教えであります。それでは、お経には具体的にどのような事が記述されているのでしょうか。

般若心経について

正式には「摩訶般若波羅密多心経」といい、古代インド語の発音を漢字に当てはめ、日本ではそのまま発音記号のように音読みされている場合が多く見られます。


摩訶（マハー）＝「特別、偉大な」の意。

般若（パニャー）＝知恵（知慧）、仏智。

波羅（パラー）＝行く、彼岸、到達する。

密多（ミター）＝家の中、内在。

マハーパニャーパラーミターチタースートラ↓「内在された、偉大な知恵に到達する心の教え」


（高橋信次著「原説般若心経」より）

人間の本質は心であります。心は魂とも呼ばれ永遠です。永遠である魂は輪廻転生することによって魂の次元の向上をはかっています。ある時は武士であり、農民であり、商人であり、貴族であったかもしれない。色々の人生を体験した素晴らしい蓄積が、潜在意識として心の中に内在しています。この「偉大な経験の蓄積による知慧に到達する為には、どのような事が大切であるか」との教えが書かれているのです。

「観自在菩薩　行深般若波羅密多時　照見五蘊皆空　度一切空厄　舎利子」という経典の表題は、元語の発音のまま音読みした漢字を充てていましたが、本文に入ると直訳を漢詩的に表現しております。ある程度の意味は理解できますが、哲学的に解釈されるほどで内容の注訳が必要な表現となっています。解釈は以下の通りです。

●観自在菩薩　行深般若波羅密多時

「内在された、偉大な知慧に到達するための生活行為を、深く実践した時」

※菩薩→過去現在未来の諸現象を自由に見聞き出来るほどの境地に達した心の次元の人。

●照見五蘊皆空　度一切空厄　舎利子

「人間の五体五官の煩悩が心に作用し、正しい基準、片よりのない中道の物差しを忘れ去ってしまったため、一切の苦しみや災難厄難の原因になっている。それを見とどける事が出来るのだよ、舎利子よ」

※五蘊→目耳鼻舌身から起こる煩悩。

次の語句は物質には色彩が付いている為に物として認識出来るので「色」と、物質として確認出来ないものや状態を「空」と、それぞれ表現しております。

●色不異空

「色は空と異なってはいない。例えば水（色）は空気中に湿気や水蒸気として存在するが、目に見えない（空）だけで同じ水である」

●空不異色

「空は色と異ならず。空気中の水分（空）が見えないと言っても、目に見える流れの水は（物質、色）とは、同じ成分でH_2Oである」

●色即是空

「色とは即ち空（色と空は同じ物）である。水と空気中の水分とは状態的に凝縮か拡散かの違いで、同じ水、H_2Oには変りない」

●空即是色

「空とは即ち色である。空（空気中の水分）と、色（水）は、人間には見えるか見えないかの違いであって、同じものである」

筆者の解釈

目には見えないと言っても存在しないのではない。空気は見えないけれど、酸素や二酸化炭素等、色々の物質が存在しているし、エックス線や電波も見えないが存在しています。物質は見えるからといっても、水、氷は条件が変われば水蒸気となって空気中に拡散して見えなくなります。しかし、見えないからと言っても存在しなくなった訳ではありません。仏教用語ですが科学的に証明せよと言われればこの様に証明できます。

単に人間の目に見える、見えないだけで判断してはいけません。物質として存在していても、状況の変化による凝縮と拡散との違いだけで、物質は変化してしまいます。

また、天台大師は法華経の中で色心不二と説かれており「色（物質、見えるもの）と心は（見えないけれど）二つではなく同じものである」と教えておられます。色即是空と同意義の言葉です。

以下は略しますが、人間はありとあらゆる欲望（地位、名誉、財産）を持っています。これらの欲望に目がくらみ、この欲望を達することが人生の目的であるかのごとく錯覚しています。この欲望が恨み、ねたみ、そしりをもたらし、苦しみや争いが起こります。

目に見える現象のみに惑わされず、人生は人間の本質である永遠の魂の鍛練の場であることに気付き、貪りの心を正し普遍（不生不滅　不垢不浄　不増不減）である魂の浄化に努める事の大切さを教えているのが般若心経であります。

法華経について

それでは次に、一般の我々にとっては意味不明であるお経の中で、法華経について述べてみましょう。法を説く場合、難解な哲学用語を駆使しても当時の民衆が理解出来るはずがありません。キリストと同様ですが、仏陀は無学文盲の当時の民衆に対して、解り易い言葉と喩え話で人生の生き方について法を説いたのです。

諸々の衆生、比丘、比丘尼たちよ。あの沼に美しい蓮の花が咲いている。
あるものは、水の上に、あるものは水の中に咲いている。
しかし水の下は、泥沼で汚れているであろう。
決して奇麗なものだとは言い難い。
諸々の衆生よ、比丘、比丘尼たちよ。
お前達の肉体も、あの蓮沼と同じことがいえよう。
目を見なさい。疲れた時や眼病にかかれば、目糞が出るだろう。
鼻糞、耳糞、汗、大小便、一つとしてきれいなものが出ないように、
それは全く泥沼のようなものである。
この泥沼のような肉体に執着を持って苦しみを造っている。
しかし、この肉体が泥沼のように汚れていても、
心が「法」を悟って、この法にかなった生活をしたならば、
あの蓮の華のように美しく、大自然の中に調和され、
心の中は安らいで、神の心と調和されるのだ

（高橋信次著「心の原点」より）

このように肉体や物への執着する心の愚かさを、泥沼の蓮の華を例にとって教えを述べられたものなのです。本来、だれもが分かる言葉で説教されたものが、日本では理解し難いお経となってしまったのです。

お葬式で死者の供養にあげるものではなく、生きている人間が日々どのような心構えで生活をしていけばよいかの教えがお経の内容であります。キリストも同様に日々の生活の中から具体例をとって、喩え話として生き方を述べています。

このような経過から、たとえ死者がお経を聞いても、意味すら理解できません。自分が今だに死んだことすら理解出来ない霊は多いのです。しかし、死者にはお経をあげるのは常識です。

そこで「このお経は俺の為のお経だって？　やはり死んだのか？　いや生きているはずだぞ！　その証拠に物も見えるし、死んだら全てが無になっている筈だからな！　しかし俺の葬儀のようだしなあ」と自問自答するきっかけを作る上では、お経も無駄では有りません。

読者の皆さんは、死んだものに何が理解出来るものかと思われるに違い有りません。死んだら全てが無になる。そう思いながらも何故か死者にはお経をあげて霊を慰める風習があり、お坊さんも当然のように何回忌と称してお経を唱えています。もしこれが霊界の故人に届いていないとすれば、なんと馬鹿げた話でしょう。聞こえも理解も出来ないお供養なんて、さらに無意味ではありませんか。

世間体の為に供養をしているのでしょうか。自分は何もなさずとも、儀式を行うことで先祖は浮かばれるのでしょうか。意味の解らないお経も無意味ではありませんが、故人を良く知っている家族知人が、理解出来る言葉で話すのが一番の先祖供養であります。

また私達が貧しくても誰にも恥じることのない人生を送ることが、先祖供養にもつながるはずであります。

ましてや「死んだら全てがおしまいで、あの世や魂なんて在るものか。極楽や地獄は教育のための方便さ」との思い込みは、先祖も自分自身も不幸な事です。

あの世や霊界が見えないからと言って、信じられないとは愚かなことです。あの世がちゃんと見える人も存在しているのです。

物質には色彩がついているから認識出来る訳ですが、見える範囲と言っても、虹色の世界では〇・〇〇〇〇四センチから〇・〇〇〇〇七センチの間の〇・〇〇〇〇三センチのサイクルの範囲しか人間の目では見えないのです。この事実から我々の目では見えない世界の方が、遥かに多い事を知るべきでしょう。

さてここで、また先祖供養に戻りますが、「随願経・ずいがんきょう」によれば三宝を信ぜず、法戒を行わない者は病で死ぬか、三塗八難の中に堕落して苦しむ。そこで、父母兄弟及び親族が福を修めれば七分の一のご利益があると聞きますが何故か」と普広菩薩が質問し、釈迦は「故人はその福の七分の一、あとの七分の六はそれを修した施主が得る」と答えています。

この福が単なる今日の供養のことではなく、人間としての人生の有るべき姿を堕落した先祖に示して反省を促し、父母兄弟及び親族は仏陀の教えを実行する。「修業の実行、他人や苦しんでいる人に福徳を積む」事が福と私は解釈します。それを実行した結果、死人や苦しんでいる人には七分の一、あとの七分の六はそれを実行した施主が得るようです。

この教えは、自分の代わりに他人に色々と実施してもらってもわずかなもので、他人（自分以外）の為に対しての実施者が、沢山のご利益があるとの解釈が出来ます。つまり、自分がなした事でなければ意味がなく、他力本願はいけないとの教えにも通じています。

親に対する報恩とは

そこで、先祖供養ではありませんが、これに近い親に対する報恩について、以下のような教えがあります。

父母の大恩は、どのように勤めても報いきれない。例えば百年の間、右肩に父をのせ、左肩に母をのせて歩いても、報いることは出来ない。また、百年の間、日夜に香水で父母の体を洗いさすり、あらゆる孝養を尽くしても、また父母を王者の位に昇らせるほどに努め励んで、父母をして栄華を得させても、なおこの大恩に報いることは出来ない（…中略…）しかし、もし父母を導いて仏の教えを信じさせ、誤った道を捨てて正しい道にかえらせ、貪りを捨てて施しを喜ぶようにすることが出来れば、はじめてその大恩に報いることが出来るのである。あるいはむしろ、それ以上であるとさえいえよう。

（仏教伝道協会訳「パーリ増支部二―四」）

さて、ここで注意を要するのは、最後の部分です。いかにも仏教の信者にする事が、最高の方法であるように錯覚してはいけません。

仏陀は「肉体や、物質、地位や名誉は永遠のものではない。このような無常のものに貪りの心、執着やとらわれの心を持っているが故に、苦しみや悲しみ、争いごとが起こる。このような執着やとらわれの心を捨てて、悟りの境地に至る心の在り方」と教えています。魂の永遠性に比べ、この世の物質世界はいつかは滅び去るものであります。自分そのものであるはずの肉体ですら、自身の意思で生老病死を止めることが出来ません。

「父母に孝養を尽くし、老後の面倒を見ることは大切な義務で当然のこと。それ以上に重要な事は執着を離れて、永遠である魂の浄化に努める事の重要性を認識してもらう」

この事を言っているのです。この事が父母に対する報恩や先祖供養の真髄であると教えています。

あの世の先祖も、我々もこの原理を理解していなかったがために、この世でもあの世でも苦しんでいるのです。この教えは「永遠である魂の向上と浄化」が人生の努力目標であるとの教えであります。

チベットの死者の書

前の章でも、わかる言葉で話かける事を書きました。その後「チベットの死者の書」を読む機会がありました。なんとこの本では死期が近づくと「死についての心構えと、死してからの状況と心得」を延々と枕元で話続ける様子が記されています。

三千年程の前からチベットに於いては、死者に呼びかけることが当然のように行われているようです。

この経典はチベットの一般の人も常に見聞きして熟知して「霊魂の存在と輪廻転生」は常識としてあるようです。

チベットの死者の書（正式には【バルド・トドゥル】と言い、金剛大乗仏教の聖典。バルド（中間の状態）・トドゥル（耳で聞いて解脱する）の意）によると、死の直前にこの経典を七回枕元に座って、大声で読み始めるという。

「ツェリン・パルダン（人名）よ、よくお聞きなさい。今こそ、あなたが道を求める時です。まもなく、あなたの呼吸が止まるでしょう。その時に、最初のバドルの強烈で美しい光が現われるのです。この光があなたの命を作っていた本質です。その光と一つに解け合うのです」

死の直後の経典は次のように、死者の耳に触れるか触れないかの距離で、語りかけられなければなりません。

「ツェリン・パルダンよ、よく聞きなさい。ツェリン・パルダンよ、よく聞きなさい。心が揺るぐことがないよう努めなさい。今や、死なるものがここへ来てしまっているのです。今この時、何ものかを貪（むさぼ）り求めたり、執着したりしてはいけない。心を惑わされないようにしなくてはいけない。あなたの意識を、生まれつきそなえていた、光の世界に移しなさい。作られたものである、血肉の身体を離れなさい。この身体は無常であり、幻であると知るべきです…（中略）…高貴なる生まれのものよ（相手の名前を言う）。歩むべき道を探しに行く時がとうとうやって来ました。息が絶えたらすぐに、導師が示した通り、根本の光明があなたの前に現われます。これこそ生命の根源を作っているダルマタです。ダルマタとは宇宙のように広大で空虚、光に満ちた空間、中心も境界線もなく純粋

であり のままの心のことです。あなたはその心の状態を自覚し、その中に安らぎを見い出すのです」

死を迎える者がその呼吸を止めるまで、耳元で何度も繰り返し唱えることによって、この言葉を死に行く者の心に深く刻み込みます。

またこれとは別に、死者が愛着や執着を残す人物から心を離してあげる為の経典「シェッド・ロック」も読まれます。この後、死んで十四日までに起こりうる事柄と心の在り方について、一日ごとに説明がされます。この事が示すように霊界には、言葉や想念が通じるのです。

日本においてもお葬式の時、意味不明のお経よりも、導師の方がこのように理解出来る言葉で今おかれている状況、霊界や死に際しての心得を話されたならば、沢山の人々が迷うことなく死を自覚して、死後の世界を理解出来るに違いありません。

霊的体験　三「父の死後の世界」

霊や霊界の事が解りかけていた時、私の父はすでに他界していましたので、霊界でどのような所にいるのか、前述の田中さんに霊視していただく事にしました。

「私の父は五十九才で死亡し、名前は〇〇です」

田中さんは意識を集中して霊視されていました。

「あなたのお父さんはこのような人ですね、あなたに似ていらっしゃる」

田中さんは、会った事もない私の父の特徴を詳しく話されました。

「その通りです。たぶんその人が私の父であると思います。今あなたには映像として見えているのですね！」

「はい、顔や姿が見えています」

私は続いて父に質問しました。

「死んだ後、あなたは何処に居ましたか」

田中さんは無言で話しかけていました。三〇秒程で「何処で何をしたら良いのか分からず、とりあえず墓地と仏壇の位牌を行き来していた」そうです。

当然父との会話のはずです。思いがけない返事でした。どうやら田中さんは、いわゆるテレパシーで交信しているようです。

私の父は生前お寺さんの門徒総代の経験もありましたが、大半の人間と同じように、霊界のなりたちや死後の世界に無知のために、死んだら全てがおしまいと思っていたのではないでしょうか。

しかし死んだはずが自分の姿は自覚できるし、生きているように思える。だが話しかけても知らんふりで解ってもらえない。そこで仕方なしに、自分の墓と位牌を住みかとしているようでした。当然霊界の仕組や生活の仕方を知っているはずがありません。

死後の霊界での目覚め

人間は死後、どのような状態になるのでしょうか。魂が霊界で意識を回復する時の感情は、次のようなものだそうです。

しばらくの間、なにがなんだか分からない状態が続く、悪を愛し悪を行って来た者は、悪行の悔いで気も転倒する。正道を守った者はこれと違い、重荷から解放された気持になる。彼は過去を詮索されても、なんら恐れるものがないからである。

（アラン・カーデック編「霊の書」潮文社）

そのとき、死者の意識は（肉体の）外に現われ、死んでいるのか、生きているのか、彼自身良くわからなくなります。彼には、親類がそこに集まっているのが、生きていた時と同じようにはっきりと見え、親類たちの泣く声すら聞こえます。

…（中略）…

四日半の間、意識を失った状態が続いた後、あなたは先のバルド（中間の状態）に進みます。もうろうとした意識の中から目を覚まし、自分に一体何が起こったのだろうかと思いますが、これがバルドの状態なのだと気付いてください。

……（中略）……

第二の光明は、呼吸が止まった後、食事を一回取るよりも、もう少し長い時間がたってからやって来ます。生前どんな善行、あるいは悪行をしたかによって、プラーナ（生命力のエネルギー・風）は、右か左かいずれかの脈管から入り込み身体にあるどこかの孔から出てゆきます。そして、そのとたん意識がはっきりします。

（「バルド・トドゥル」より）

前記のように、死後は意識が朦朧とした状態から、自然とハッキリした自己の意識が戻って来るようです。面白いことに「霊の書」「死者の書」共に、東西の人種、習慣、宗教の違いが有るのにも関わらず、類似した状況が起こることを述べております。

また、生前の行動の善悪により、仏教やエジプトの死者の書が言う所の閻魔大王の裁きの場面を想像させる事柄が起こり得ることであります。

この事例から、極端な二段論法的に言えば、このような事柄は現実として起こっているに違いないと想像出来るでしょう。これ等の各種の体験から、私は父に話しかけたら通じることが分かっていましたので、それから毎日、お風呂で湯舟に浸っている時や、床について寝入る前の十分程度を、父との通信の時間に当てていました。内容は各種の書籍や体験により勉強した事柄を踏まえ、父に想念を送り呼びかけたのです。

霊界の父への呼びかけ

「生前○○と呼ばれていた私の父へ申します。我々人間は死んだらおしまい、あの世はあるものかと思っていました。しかしあなたも死んでお分かりのように、あの世はあるのですね。仏教で言われているように、あの世には極楽浄土（天国）があるそうです。一念三千と言い伝えられているように、霊界も三千世界があるようです。念じるだけで各階層に通じています。なにも窮屈なお墓や位牌などに居らず、広い霊界に旅立って下さい。何も難しい事はありません。あなたがこの現状から踏み出そうと思い念じることだけで良いのです。〝行動を起こそう、前進しよう〟との強い意思決定だけで良いそうです。あなたが亡くなった時、私は二十歳でした。現在はあれから十年、私も結婚し子供にも恵まれました。こちらの事は心配いりません」

このように一週間ほど呼びかけました。

そして次からは「これらの事柄が今あなたに課せられた命題です」と呼びかけました。

「霊界においても、学校や修行する場所があるそうです。自由に望む所で腰を落ち着けて、自分の一生を思い返してください。親兄弟、親戚、同僚、色々の思いで生活してきたはずです。法華経の中でも教えがあるように、自己中心ではなかったか、恨みや妬み愚痴などを持って無意識に生活をしていなかったか。これ等の事を深く反省し一切の事を清算して下さい。

我々は魂の向上の為に、この地上界に誕生したようです。色々の困難や試練に遭遇する事が、魂の鍛錬の場であるそうです。失敗したり間違うことは止むを得ません。心の動きの過ちに気付く事が大切で、その原因は他人への思いやりに欠けたり、財産や地位名誉に囚われた自己保存の心であった時であるようです。

まずは善意なる第三者の立場に立って地上界での一切のことを深く検証することが、霊界での第一歩の仕事だそうです。過ちは過ちと素直に認める。二度と同じ間違いはしない。その原因は自己保存と我欲の心が引き起こした事に気付いてください。そして、前進しようとする確固たる信念を持つ事」

霊界での修行

このように一週間程通信した後、田中さんに霊視してもらいました（彼女の霊視は、対象者を思い浮かべ意識を集中するだけで良いようです）。

「あなたのお父さんは、海の見える洞窟のような所で、座禅を組んで修行されている姿が見えます。神社やお社にある注連縄が入り口に掛かっており、それから光が発せられているのが見えます。これはどういうことですか」

霊視の後、田中さんは言われました。田中さんは私が父に何を呼びかけたか、ご存じないからです。私の心を読心術で読み取ろうにも、私自身もどのような事になっているのか知る由もない事柄ですから、本物の霊能力者としか言いようがありません。

私の呼びかけにより、父は禅を組み人生の反省という修行を、さっそく実行に移しているようです。同時に今まで漠然と持っていた疑問に対する別な思いが私に湧いていました。

父が私の呼びかけにさっそく答えてくれた事に対する驚きと、思いもしなかった注連縄に対する答えが含まれていた事でした。私は田中さんの質問とは関係ない言葉をつぶやいていました。

「ああ、そうですか、やっと解りました。神社等の注連縄は神聖な場所であり、普通の領域との境目の印や飾りと思っていましたが、悪霊や動物霊が侵入しないように、光のバリアー（防壁）を出しているんですね」

悪霊や低次元の世界は暗く粗悪な波動の世界の為に、光（神仏の象徴）には大変弱く恐れを持っています。父も修行の邪魔をされないよう光のバリアに守られて修行しているようです。

霊体験　四「霊界での魂の浄化」

霊界との通信が可能なことが判明してから、霊界への通信をした後、本当に対象者に通信が届いたのか、その結果霊体はどのような反応を示したのか確認するのが、私たちのテーマとなっていました。それから幾週間が過ぎ、また父の霊視をお願いしました。

「あれっ、あなたのお父さんが見えなくなりました。どうしたのでしょう」

「なんにも姿が見えないのですか？」私は驚いて聞きました。

「いや、丸くてにぶい光しか見えません」

「おかしいなあ、父はどうしたのですかねえ、そうだ父に姿を見せてくれるよう頼んで下さい」と、私は狼狽しながらお願いしてみました。

本格的な霊界通信と、具体的な行動へのアドバイスは初めてであったため、私の呼びかけでとんでもない事態が起こってしまったのではないかと、私は不安一杯で続く霊視を待ちました。

「ああ、見えてきました。お父さんです」

「光はなんですか？どうしたのですか？」

ほっとしながらも私は質問をしました。

「わしも良くわからん、おまえが人生を思い返して反省しろ、この世に未練を持つな、と言ったので心を整理してその通りにしたらこうなった。やっと人間界の整理が出来て忘れたのに、また人間の格好をしろと言ったって大変なんだ」と、父は答えました。

後で知ったことですが、霊界の一年生でまだ霊格の低いものは、自由に変化出来ず、次元の粗雑な物質世界である人間界にも、直ぐには適合する事が出来ないようです。死を自覚しないで、自分は生きていると思い込んでいると、死後も生前の姿や服装をしているようです。

その後、私はどうして父が丸い光となったのかが理解出来ないでいました。しかし、古本屋で購入した「心霊科学入門」（絶版）を読み進んでいると「霊視される幽体は生前の姿をとる場合と玉状の形をとる場合があり、人魂は後者の場合である」と、記してありました。

我々霊魂の目よりすれば、魂は形をもっている。と言っても人間からすれば、何やら焔のような、エーテルの火花のようなものに見えるかもしれないが（…中略…）もし人間が見ることが出来るならば、うす暗い灰色のものや、光輝くルビー色までいろいろの色がある。それはその霊魂の魂の清らかさによって違う。

（「霊の書」潮文社刊）

霊界では肉体は無く、また必要でもありません。しかし死後の世界の存在を知らない人間は、当然生前の姿を取っているのです。物質界の執着を反省し、生前の人生での過ちを修正すれば、人間本来の魂のみになることが理解できます。他の著書で見られるような現象と同様の状態になっただけなのでした。

この世での魂は修行のため、霊が人間の肉体に同一化して魂として存在しています。しかし死んで魂と肉体が分離しているにもかかわらず、肉体が絶対であり、死後の世界と魂の存在が有り得ないと思い込んでいる為に、生前の容姿を取っています。

霊界においては肉体を離れ永遠の魂が分離するので、やがて人間界の姿を取る必要はなく、魂の素に帰ればそれはある種の精妙なエネルギーの形態に戻るのが、当然の結果だと言えるのです。

父の場合自分の死を自覚し、この世の執着や雑念を反省により浄化していくと、人間の肉体すら執着がなくなり、魂の原点である精妙なエネルギーの塊に帰った結果の姿となったわけです（しかし霊界に於いてはまだまだ低い次元でしかない）。

霊界において地上での一生を振り返り、正しく検証していくと魂としての自覚が生じ、現世の人生は輪廻転生の中の一こまとしての人生であった事、さらに人間としての肉体は、この世における修行のためのただの乗り物であった事に気付くでしょう。

霊体（アストラル体）の色彩の意味

現時点での父の霊魂の色は鈍い灰色でしたが、霊の進化の状況で各種の色を呈して居るようです。次にそれぞれの色の意味合いについてアーサー・E・パウエル編著「神智学大要」（たま出版）では、アストラル体（生きている時は肉体を取り巻いている霊体）の色を以下のように述べています。


黒（厚い雲状の場合）―憎悪と害心（あの人は腹黒い人だ……筆者記）。

赤（普通黒の背景に濃赤色の閃光）―怒り（真っ赤になって怒る……筆者記）。

緋色（薄紅色）の雲―興奮（ピンクムード……筆者記）。

輝く緋色（普通のオーラを背景とする）―高尚な怒り。

毒々しい血のような赤（説明はしにくいが紛れもない）―好色。

褐灰色（鈍いがはっきりしている）―利己主義。アストラル体の最も普通の色。

緑灰色（濃赤色または濃緋色の閃光が光る）―嫉妬。普通の人の場合、恋していると、この色が多い。

灰色（どんよりとした鉛色）―意気消沈、憂鬱。貪欲を表わす褐赤色のように、幾つもの平行線が並ぶと籠のような印象を与える（灰色の人生……筆者記）。

土色がかった緑（ゾッとする驚愕の色）―恐怖。
深紅色（鈍くどんよりしている）―利己的愛。
薔薇色―非利己的愛、滅多に見られないほど明るく、藤紫色がまじっている時は、霊的な人類愛。
オレンジ―自尊心または大望。短気をともなう場合がある。
黄色―知性。濃く鈍い色から輝く金色をへて、明るく光るレモン色またはサクラ草色に至る。
鈍い黄土色―才能が利己的目的を志向している。
くちなし色―明らかに高級な型。
黄桜草色―霊的目的に献げられた知生。
黄金色―哲学または数学に用いられた知性。
緑　色―一般的には、その意味にしたがって大きな開きがあり、正確な解釈をする研究が必要である。たいていは融通性を示す。
灰緑色（見るからにいやらしい）―詐欺と狡猾。
エメラルド・グリーン―非利己的に用いた融通性。器用、機知縦横。
透明に光る青緑色―深い同情と慈愛と両者のみが発揮しうる融通性。

青色（濃く、澄明な色）―宗教的感情。心のあり方によって色が移りやすい。
明青色（紺青色または濃青色のような色）―高尚な霊的理想への献身。すみれ色が混じると愛情と献身が混じっていることを示す。
光る藤紫青（普通閃光を放つ幾つもの黄金色で複数の星を伴う）―高尚な霊的待望を伴うより高度の霊性。
超バイオレット色―心霊能力のより高級且つ、より純粋な発達。
超赤色―邪悪な利己的種類の魔術に首を突っ込んだ人の低級な心霊能力。
野蛮人型―極めて大部分が色欲を現す。狡猾、利己主義、貪欲が顕著。鈍い緋色のシミや点は激怒を意味する。あるかなきかの程度の愛が現れる。知性と宗教感情は在るにはあっても、やっとそれらしい最低の種類のもの。輪郭は不規則で、色彩はくすみどんよりと重苦しい。全体が見るからに不規則、混乱で統制がない。
普通人型―色欲はまだ目立つが、前記の型よりはずっと少ない。利己主義もまた目立ち、緑色がハッキリと二種類に分かれだし、ずるさが次第に融通性に変わりつつあることを示しているが、自分のためには狡猾になるところが若干ある。怒りがまだ見える。愛と知性と献身とが前の型より著しくなり、その内容も一層高度である。色は全体として一層明瞭になり、明るさもハッキリと増している。正し、色は一つ一つを取り上げるとまだ完全というほどの明瞭さではない。体の輪郭は更に明らかとなり均整が取れている。

発達した人―望ましくない心情はほとんど全面的に消えている。体の天辺を一筋の薄紫色が横切っていて、これは霊的願望を示す。頭の上方と其の周りには知性を現す明るい黄色の雲がある。その下に献身を現す青色の幅広い帯がある。胴部には愛情を表すばら色のもっと幅の広い帯が通っている。体の下部には融通性と同情とを示す緑色が大量ある。それらの色は非常にハッキリしていて、アストラル体全体が秩序正しく、完全に統制が取れている印象を与える。

人体から発していると言われるオーラ（アストラル体と同意か）も同様の色彩が有り、意味合いを持っているようであります。色に関しては一生同色を放射しているのではなく、その人固有の個性として存在して、同時に複数色を発している場合もあるようです。次に柳川昌弘氏によるオーラの色と意味合いについて見てみましょう。

赤色―感覚を表わす。準備、端緒の様なものを表わす。喜悦、情熱、愛情、革命、活気、幼稚、野蛮、卑俗、怒り、清浄。

バラ色―歓喜、喜悦。

オレンジ色―感情を表わす。陽気、華美、積極、元気、躍動、喜楽、温情、わがまま。

黄色―知識を表わす。中道を旨とする仏教者の象徴色。激動、希望、快活、愉快、発展、巧妙、歓喜、平和、冷淡。
緑色―慈愛を表わす。解放、安息、慰安、平静、知性、親愛、着実、公平、理想。
青色―意思を表わす。芸術、極善極悪、沈静、深遠、消極、悠久、瞑想、真実、冷静。
藍色―理性を表わす。忍耐力が大切。大乱小康。
紫色―信念を表わす。信念と反省が必要。優美、優雅、神秘、不安、永遠、高貴、温厚、優雅、軽率。
金色―啓示を表わす。人格者、名誉、忠誠。
銀色―歓喜を表わす。完成、決着、進行、純潔。
白色―沈黙を表わす。開始、成立、歓喜、明快、純白、純真、神聖、素朴、純潔、清浄、信仰。
黒色―静寂、悲哀、絶望、沈黙、確実、不正、厳粛、罪悪。
これ等の色彩は、霊能者にとってはその人物を知る上では、この色彩を見るだけでその人物の大要が理解出来てしまいます。人間全員にこのような能力があれば、犯罪は大幅に減少するに違いありません（早く誰かこのようなスコープを発明してくれませんかね）。

色が鳴り、音が光る

色彩的なものを音楽で表現しようとした印象派と呼ばれる作曲家がいます。ラベルやドビュッシー、シベリウスなどです。シベリウスは「色が鳴り、音が光る」と表現しています。このような状態を私は経験したことがあります。

ある時（三十年程前）、ピアノレッスン室の隣の部屋にて私は休んでおりました。つい疲れが出てうとうとしていると、音楽に併せて映像が表われました。音の強弱や高低、テンポにより、めまぐるしく躍動するフルカラーの映像なのでした。絵画的な絵ではなく、色とりどりの絵の具を、キャンパスにぶちまけた状態で、音楽に併せて変幻自在に動き回る状態と表現してもよいでしょう。息を飲む美しさでした。

ハッと我に帰るとショパンの曲を指導講師が演奏していたのでした。無論、映像と共に流れていた曲もショパンであったことは言うまでもありません。

さて、シベリウスは自分の音楽の調性の色について、次のように述べています。

●シベリウスの色彩感覚

ハ長調＝赤／ニ長調＝黄色／ヘ長調＝緑／イ長調＝青

●ニュートンによる音名を表す色。

ド＝赤／レ＝橙／ミ＝黄／ファ＝緑／ソ＝青緑／ラ＝青／シ＝紫

●後世の学。

ド＝赤／ドシャープ＝橙／レ＝黄／レシャープ＝黄緑／ミ＝緑／ファ＝青緑

この様に諸説有りますが、音も振動であり、色も光のエネルギーの振動数により決定している為に、似通った結果が出てくるのでしょう。現実的にも明るい音、暗い音、黄色い声と色彩を用いて表現しています。

私達がしばしば体験する事でありますが、たいした話もせず挨拶程度の人でも、気心のあう人、合わない人があります。このことは、各人の心の次元がそのまま体より放出されている事によって起こるようです。気心、つまり心の次元が気となってオーラのように放射されて、相手側の気と干渉を起こします。

この干渉がお互いにとって、波動が合うか合わないかの違いが心に影響を与えているからなのでしょう。つまり、お互いの波動がドミソ的であれば協和音のように共鳴、共感し、ドとレの様に不協和音の関係であるならば、お互いに共感しあうことはないでありましょう。心に思っている事や、今までの心の状態が色彩となって放射されているわけです。この心から放射されている色彩が温度を感知するサーモグラフイのように、眼鏡やセンサーで探知出来る日が来るに違い有りません。

そうなれば、本物の霊能者の見分けも簡単になり、いかがわしい人は消えていく運命になるでしょう。また、一般の我々でも心の状態がそのまま第三者に分かってしまう事となるでしょう。表面でどんなにとりつくろったり、言葉でカバーしたつもりでも、本性はそのまま光や、色、オーラ等で見透かされて他人を欺く事は出来なくなってしまうでしょう。霊界のある次元に達すれば、各人が全て見えるようであります。

霊的体験　五「笛の演奏を望む霊」

ある時、霊能者の田中さんとお話をしている時のことです。急に霊が訴えかけて来たようです。お互いに世間話の途中でも、良くこのような事態は起こっていました。

「美しい女性が横笛を吹いている姿が見えます」

田中さんが話し始めました。

「私の主人は武士で、戦に出かけ留守が多く、いつも主人の身を案じ、寂しさを紛らわす為に笛を吹いていましたが、空しくてたまりません。どうか笛を私のために吹いて、慰めてください」

「ところであなたは笛が吹けますか？」

そう聞く田中さんに、私は答えました。

「笛といってもフルートなら大丈夫ですよ」

「そうですか、ちゃんと霊はそこまで知っているのですね、吹けなければ話にならないし、意味がないですからね」（霊界からは現世が見えるようです）

田中さんとの出会い以来、必ず何かが起こっていました。そこで私はこの霊の希望を叶える為に、次の日から二〜三回フルートを吹く事にしました。

「これからあなたの希望により心を込めて笛を吹きます。武士社会における男の役割は、好むと好まざるにかかわらず、主君のため、家のため全てを捨てて戦や仕事のために家を空けなければなりません。寂しさは皆同じでありましょう。時代の宿命です。どうか寂しさを忘れ、私の吹く笛の音の波動にのり、霊界の修行所に行ってください。修行所では己の死を自覚して、心安らかに修行して下さい」

そう念じながら数日間フルートを吹きました。霊にとっての色々の希望や要求が、どんなに私達にとって不自然であったり、おかしな事であっても、先ずは相手に満足してもらう必要があります。これなしには話が進まないからです。

次の機会に田中さんに霊視をお願いすると、「笛の音に心が安らぎました。誠に有難うございました」と深々と礼をされました。

そして「近くに鹿がおり、一緒に歩いて行かれました」と報告されました。

このようにちゃんと相念や話は霊界に聞こえるものです。それゆえに注意しなければいけないのは、霊に関し興味本位で接してはいけません。憑依霊は自分の欲望を実現するために、人間のからだを借りる（憑依）訳ですから、納得するまでは簡単に立ち去らない場合が多くあります。憑依により体調を崩したり、ひどい場合には精神に異常をきたす場合すらあります。

この現象を理解出来ず、罰とか、祟りと言っている場合が多いようです。この女性が私の先祖であったのかは解りません。たまたま何処かで私に逢い、この者なら自分の気持ちが解ってもらえるにちがいないと、憑いてこられ、私たちの霊界研究のチャンスを待っておられたのか定かでありません。こちら側が誠意をもって接すれば、理解が早いようです。

この時期には色々と異変が起こっておりましたが、お互いに多忙のこともあり、全てを検証したり確認したりする時間的余裕がありませんでしたので、霊に呼び掛けてその結果を見届ける事が精一杯の日々でした。

当然、何故鹿が登場したのか、この鹿は霊が生前飼育していたのか、霊界での道案内的役割をなしているのか、この時点では残念ながら触れないままでした。その後、ものの本により、藤原鎌足氏の氏神を祀る奈良の春日大社は、鹿を神の使いとすることで知られており、鹿島神宮から使わされた神の使いが鹿だったことに由来するようです。がしかし、霊体験で現れた鹿との関連は当然わかっていません。

笛の演奏を希望された女性が、霊界における霊性の向上に前向きに取り組もうとの決心に対する、神の使いとしての道案内役の鹿であったのではないかと推測するところであります。

田中さんによれば、私達が、色々のテーマで話し合ったり、疑問を呈したり、何かを知ろうとすれば、周囲に無数の霊達が自分の話を聞いてもらいたくて、わんさと集まって来る様でありました。

霊体験六「死が自覚出来ない霊」

私が死後の世界や魂の永遠性が理解出来た以後の話です。床について眠るまでの間や、夜中になると突然一方的に、死の恐怖が私に襲ってくる事が起こるようになりました。

「ああー！　死にたくない、死にたくない！　どうしょう、どうしょう！」

動転するような死の恐怖が次々と襲って来て、気も狂わんばかりの状態になってしまいます。死刑執行直前の囚人は、このような心境ではないかと思います。居たたまれず、私は無意識に床を離れます。そして部屋をうろうろと歩き回り、階下の部屋に降りて行きます。このような気持ちが五分程度であろうと思いますが、全く普段の自分はいません。

この現象が起こるのは、外部からの霊的存在による働きかけであることが察知できるようになりました。それ以来「落ち着け、落ち着け、どうしたというのだ」と自分に言い聞かせます。やがて少しずつ自分を取り戻すと霊に呼びかけます。

「私に死の恐怖を訴えているあなた、これ以上私に近づいたり、一方的に通信を送ったり、憑依したりしてはいけません。死んで全てがおしまいになるのではないのです。死は肉体に起こるのであって魂は永遠です。とても死を怖がっていますが、あなたはもうすでに死んでしまっているのですよ。この事実を理解しなさい。死は怖くはないのです。魂は永遠です。早くこの事実を認識しなさい」

そう何回も何回も語りかけている内に、やがて少しずつ死の恐怖はおさまります。

これらの現象の理由はこうです。魂が自分の死の実態も理解出来ず、すでに死んでしまっているのに、死に対する恐怖を持ち続けていて、私に救いを求めていたのです。死んでも死に切れない事情のなかで死亡した人や、病気のため死の恐怖に取りつかれたり、ノイローゼにより自殺したのか、不幸な出来事に遭遇して殺された等の霊ではないでしょうか。すでに死んでいるのにそれが自覚できず、何時までも死の恐怖にさいなまれているなんて、とても不幸なことです。

誰かにすがって救われたいと思っている、哀れな霊の悲痛な叫びであります。しかし、すがり頼られた私にとっては正直いい迷惑です。死んだら全てがおしまいと思い込んでいる人々や、死後の世界や魂の永遠性を信じない現代の人々の不幸な出来事です。本当に憑依霊が離れなければ、私はノイローゼになって廃人同様か自殺したかも解りません。

死が怖いのに自殺するのは辻妻が合いませんが、あまりにも死の恐怖が強すぎる為に、一時も早く恐怖から逃れたいと、発作的に自殺を実行するのです。死んでも魂は存在し、肉体としての自分自身の体が見えるために「あれーっ？　死んだはずなのにまだ生きている」と、何時までも自殺を図るのです（具体例を別章にて紹介）。

死んだら苦しみや悲しみ、痛みなどが無になるとの思い込みがある為に、永遠に自殺を図ります。このような場所にノイローゼや自殺願望の人が居れば、同化して引き込むのです。

憑依とはこのように一方的に自分の思いを訴えるため、また自分の欲望を満たそうとする為に、まさに肉体と精神に憑依する恐ろしい現象なのです。

しかし、一方的に誰にでも憑依するのではありません。「類は類を呼ぶ」の諺のように「死霊と同じレベルの心の波動や、人生観、物事の尺度や欲望を持っている人と、導通しやすい為に」そのような人に憑依するのです。

死の自覚は何故ないのか

なぜ人間は死の自覚がないのでしょうか。まず「死んだらおしまい。死んだら全てが無になる」との考えが一般的に支配しているせいではないかと思います。と同時に霊界が想念の世界であり、思うことが即座に現象化する為です。

死後の世界はないと思い込んでいる人は、死後も意識は現世の観念の世界のままでありますす。あの世もこの世にそっくりである次元や、自分の思い込みが現象化した次元に居たり、いまだにこの世にとどまっている場合があります。このような時は、現世の風景や有り様が、そのまま映像として見える為に、生きていると勘違いしてしまうのです。

次の話は、死の自覚がないために、起こった不幸な出来事です。知人のAさんのお父様が亡くなられました。色々な人間関係の中で、献眼を依頼されました。この事は本人の了承を取り付けないままに、親族の意思で死後すぐに献眼されました。

その後ご家族は夢見が悪いとか、亡き父が自宅に居る姿を見る等の現象に見舞われました。そこで知り合いの霊能者にご相談の結果「目が見えずに大変困っている」とお父様は訴えていると言われたようです。

死を前にして、魂は霊界との導通が楽になり霊体離脱を繰り返しています。自身の肉体をベッドの上から見つめていた事例を、臨死体験者は沢山報告しています。このような状態で、自身の肉体より眼球が取り出されたのを目撃したり、あるいは霊体の耳で死亡前後の事柄を耳にして理解しております。

「俺は死んでなんかいないぞ、勝手なことをするな」と叫んでいたに違いありません。この結果、眼球がなく物が見えなくなったと感じるわけです。

　本人が生前了承していないその他の臓器の献体でも、同様の事が起こっているようであります。このような場合は、
①献眼（献体）の無断承諾を謝る事。
②献眼（献体）の結果大変喜んでもらえた事。
③人間の死亡は、肉体から魂が抜け出ることであり、もうあの世では肉体は必要ない事。
④生前の肉体が持っていた病気等には左右されない事。
（病気や事故等により痛むべき肉体が無いのに、何時までも苦しんでいる）
⑤死んで肉体は全て焼却しているのに、あなたが生きていると感じるのは魂が永遠である証明でもあります。目を含めて肉体は必要ない事を語りかけるのが大切です。
　これらの事から臓器提供の意思確認のカードは、死者本人の為にも、提供を受ける側からも大変重要な事柄と言えるでしょう。臓器移植手術も、肉体保持者の同意があることに

より成功率が高くなるはずであります。肉体細胞の意識が、拒否反応を起こしにくくするからです。肉体細胞も意識があるからこそ諸器官の使命を間違うことなく果たし、人間が無意識のままに生活出来るのです。

さてここで、死の自覚が出来にくい事についての理解しやすい解説が「神智学大要」(前出)にありますので紹介しましょう。

人間が死んだからといって、突然何らかの変化が起こったためしはない。それどころか死後の彼は、肉体がなくなった以外には、全く生前の彼に変わりはないのである。彼はその知性、気質、美徳、悪徳等をそのまま持ち続ける。ちょうどオーバーコートをぬいだ場合と同様、肉体がなくなったからといって、決して本人そのものが変わる訳ではないのである。そのうえ、死後の本人のいる環境状態は、かねてから本人の考えていた通り、欲していた通りのものであることに気付く。中略……。ただ生前における自分の身口意の三業(筆者注:行ったこと、噂や中傷したこと、恨みや妬み)の結果が現実となっただけにすぎない。

(……中略……)

死後の世界には、思ってもいなかった全く新しいというものは決してなく、ある変わった状況のもとに、現世すなわち物質世界における生活の継続があるのみである。

　このように、生前の魂、心の状態のまま死の状態に移行することになるのです。生前の生きざまの修正無しに、死して即、聖人君子になれる訳など無いことは、だれでも理解出来ることです。

霊体験　七「死後の旅立ち」

　ある時、遠い親戚で亡くなられた方を、田中さんに霊視してもらいました。

　しばらく心を集中して霊視されてから、おもむろに口を開き質問されました。

「この方は水死されたのですか？」

「そのようですが、どうして分かるのですか？」

　いつもの事ながら私は細かに現象を聞く事にしているのです。

「今だに溺れてバタバタと、もがいている状態が見えるのです」

　まさにこの方は水死されていたのです。死後何十年も月日が経っているのに、今だに海でアップ、アップと溺れている状態のようです。あまりにも可愛そうで、私はその方に死の意味と死の自覚について何時ものように呼びかけました。

「水に溺れて大変苦しそうですね。残念ながらあなたはもうお亡くなりになりました。死んだら人間おしまい、すべてが無になると皆が思い込んでいます。でもそれは間違いです。死人間の肉体は死んでも、肉体と共にあった魂は、無くはならず永遠です。あなたが亡くなられて既に何十年も経過しており、お墓もあり親族から供養されております。苦しむべき肉体はもはや無いのですから、苦しみは無いはずです。早くこの事実に気付いて下さい」

このように一週間呼びかけました。

そして次の段階として、更に一週間ほど呼びかけました。

「あなた自身の死については残念ながら事実ですから、もうこの事は理解出来たと思います。死後の世界も人間界と同様に見えますから、区別が出来ずらいと思います。あの世もいくつもの世界が在るようで、まず死んで成すべき事は人間界でいかに生きたのか、仏様の教えである八正道を基準に人生を振りかえる事です。今はもはや、溺れて死ぬのではないか、との心配や恐怖もないはずです。魂は永遠に生き続けるのですから。この世では死であっても、あの世には誕生することなのです。このことを理解して霊界での修行に旅立って下さい」

八正道については別の章で述べたいと思います。この様にまずは死の自覚をしてもらうために、本人にも分かる言葉でじっくりと、繰り返し呼びかける事が重要です。この時、線香やお水をあげることにより、心から供養してもらっていると感じてもらうことが、自覚への早道かも知れません。

私は本人のお墓や、仏壇、位牌等の前で、一般に行われているお供養事は一切せず、自宅で時間のあいた時、心を集中させて呼びかけたのです。呼びかけるとは言っても、声を出して呼びかけている訳ではなく、テレパシー的に心で念じているのです。この世もあの世も時間、空間、場所は無関係なのです。

その後の霊視では「誠に有難うございました」ときちっとお礼をされ、死を自覚し、水難と死の恐怖を克服し、旅姿に身を包み修行の為の第一歩を歩き始められたようです。

この事から、今でもお棺の中に、わらじ、けはん、すげ傘、杖などを入れる風習が残っているのかもしれません。こうした事実の霊姿から始まった、儀式かもしれません。

霊体験　八「憑依」

霊魂は、自分の苦しみや悲しみの現状から抜け出したり、救出して欲しい為に意思表示を致します（出て示すの合体の漢字で祟り、憑依）。地縛霊等は執着心や魂の次元が低い為、自由に移動が出来ません。そこで通りすがりの人や、心霊に興味のある人物が通りかかると、憑依して自分の欲望を満たそうとします。なかなか怖いものです。

悪質な霊に憑依されますと精神に異常をきたしたり、自殺に走る場合もあります。くれぐれも興味半分等で、呼びかけたり呼び込んだりは禁物です（指導者無しの、超能力開発法等の本による実験も危険な場合が多いので注意が必要)。

ある時、車を運転していると急に顔がカアーッとほてって来ました。丁度その時交差点の信号が赤になり、私はストップしました。

「なんだなんだこれは」

鏡を見ると、顔が真っ赤になり目も見る間に充血してきました。

「変だなあ。又、霊のお客さんかな」

そう思いながらそのまま走っていると、だんだんに元どおりになって来ました。

「体調が悪い訳ではなく、これはきっとなにかあるな」

次の日、新聞を見ていると、丁度私がおかしくなった場所の横の家での自殺の記事が載っていましたので、私はピンときました。

「これは首吊り自殺だったのだ」

偶然とはいえ道路隔てた反対側が、私の知り合いだったので聞いてみました。

「新聞に載ってましたね」

「首吊り自殺みたいよ」と、知り合いは返事しました。

このように自分の現況と全く同じ状態を相手に作り、自分の事を理解させようと訴えるのです。たとえばこの親族が霊能者に相談に行かれたとします。霊能者は真っ先にこの状態になってしまいます。

「あなたの身内に首吊り自殺した人がいらっしゃいますね」と、分かってしまうのです。死者は自分を理解してもらう為に、自分の現状を死者の能力や霊的次元の範囲で表現します。ビデオのように映像で見せる者、同じ苦しみを与える者、テレパシーのように語りかける者（きわめて少ない）、それぞれで統一はされていないようです。

この霊能者の次元が低いと、いつまでも離れず憑依されたままで寝込んでしまいます。相手の訴えを理解すれば、普通はスッと憑依は取れてしまいます。

霊能者も生半可で霊媒を勤めると大変危険な事になります。人間に憑依することで移動が自由になります。霊体質者を通して飲み食いすら出来て、離れたがらないからです。本当はこの世の食べ物は飲み食い出来ないのに、そのつもりになれるからなのです。心が満足しなければ空腹や恐怖、痛み、欲望のままの精神状態が何時までも続きます。

人体にであれ動物体であれ、憑依することは物質的なものへの執着を一時的に強め、そのためにアストラル（霊界・筆者注）生活へ自然に移行するのを遅らせ、そのうえ望ましからざるカルマの繋がりを造るから、憑依する魂自身にとって、それは悪であり進化への障害となる。

（前出「神智学大要」より）

普段はおとなしく良い人だけど、酒を飲むとガラリと人格が変わる人は要注意です。飲み始めると憑依されたり、憑依した人物の本性が表面に出るからです。酒場には何時も飢えた霊が、虎視眈々と狙っております。

憑依でない人の場合でも、通常は理性や自尊心でコントロールしております。表面に出さない本人の本心や、鬱積した心の潜在意識が解放されて、表面に出る場合も無論あります。このように他人の魂や肉体を支配するのが憑依現象です。

霊体験九「坊さんの地縛霊」

私の仕事の関係で、ある地方の田舎に行きました。仕事を終えて帰途について車を走らせていました。この地は私も初めての土地であるにも係らず、去り難い寂しい心情が湧いてきました。心寂しく涙が出そうな感覚に襲われるのです。

「おかしいなあ、初めての土地であるのに、ましては親戚すらもいないしなあ」

と、一方では不思議な思いがしました。

「前世でこの土地に縁が有ったのかなあ」

との思い程度で終わっていました。

同様の経験は私が高校生の時、蓄膿の手術で二週間ちょっと入院したのち、退院した帰りの汽車の中でも起きました。寂しさが込み上げて去り難い心境です。

「どうしてこのような気持ちになるのかなあ」

と思ったものです。この現象は今にして思えば、完全な憑依現象だったのです。

前記の現象は、彼の地にて修行をしていたお坊さんが、私に救いを求めて憑依したものでした。長年住み慣れた土地を去るに当たり、それ相応の感傷があったようです。私に完全に憑依している為に、その人の感情がそのまま私の感情を支配して、同じ思いになってしまうのです。

この霊に田中さんを通して名前を聞いた所、弁慶が武蔵坊と呼ばれるように、やはり坊が付いている名前を名乗りました。そこで「どうして坊が付くのですか」と質問した所、当時の流行だとの事でした。現在でも、子供の名前には流行があり、○男や○子のような名前は今や消えてしまいそうですが、何時の時代でもはやりすたりがあるもののようです。

このお坊さんに関しては、何時もの呼びかける事で、私から離れるように説得をし、ローソクと線香を灯し供養をし、これ以上の詮索はしませんでした。憑依とは、この様に相手の人格までも支配してしまう現象です。

なお、前記の供養の方法については、再三記していますが私の主張に沿わないものであります。しかし、一般の人々や霊達も供養とはその様なものと思い込んでいます。自分は供養されているとの認識を持ってもらい、早く私の呼びかけを聞く心の状態になってもらうための手段であります。

霊体験　十「餓鬼界の霊」

ある時から私の部屋に、どうも尋常ではない気配が起こり出しました。何か因縁が有るに違いないと、田中さんに霊視してもらいました。

「大変お腹が空いていて、どうにもならないような状態で、あなたを頼って憑いて来ている人が居るようですね」

「いかなる理由があって私に憑依したのか聞いて見てください」

「目先の餓えが激しく、色々話せる状態ではありません」

私は例の如く、おにぎりを供え、ローソクと線香に火を灯し、呼びかけました。

「今ここに、私は餓えたあなたの為におにぎりを準備しました。腹一杯食べてください。私たち人間は死んだらおしまいと勝手に思い込み、我がまま放題の人生を送ってしまいがちです。あなたは既に死んでしまっているにもかかわらず、お腹が空いて餓えています。よく考えて見なさい、あなたは既にこの世を去り、死者となっていますが気付いていませんね。生きていた時と同様の気持ちでこの世にいる為に、自分の死に関して実感を持っていないのです。空腹になるべき肉体がすでに無いにもかかわらず、飢えにさらされています。肉体が滅びても魂は永遠であることに気付きなさい。肉体は朽ち果てても魂の存在は有るのです。自分即ち肉体と思い込んでいるために空腹になるのです。早くこの現実に気付きなさい。十分にこのおにぎりを食べて、ゆっくりと自分の人生を振り返りなさい。自分の死の自覚が出来たなら、人生の反省と魂の向上と修行のために、直ちにこの場を離れ、霊界の修行所に旅立ちなさい」

このように呼びかけて供養いたしました。

私たちが霊的な話や、霊視が始まると、私たちの周囲には沢山の浮かばれない霊達が、次々と押し寄せているようです。自分に関する話が出来て、あわよくば救済して欲しいと集まって来るようです。

最初は興味半分もあって対応をしていましたし、それなりの体験があり、充実した気持ちでいました。しかし一つ一つ取り上げていても、きりが無い状態も有りました。

この時期は霊的に色々な事が起こり、私生活でも多忙でもあったために、私もうんざりした状態でした。この霊に関しても、残念ながら十分な話や説得に時間を掛けられないでいました。二～三回目の供養の時には、正直いらいらしていました。まだまだ浅はかで、本当の慈悲の心などとてもなかったのです。

「何で私が赤の他人の供養を次から次にやる必要があるんだ、全くきりがなくてどうしょうもない。自分の仕事のことでも大変なのに」

この頃は面倒くさい気持ちで、仕方なしに形式的な供養をしていました。

ある日、この霊がどのような状態かを田中さんに霊視してもらいました。

「まだおりますよ、おどおどしながらおにぎりを食べています」

私のイライラを感じ取っているようです。私の話に筋は通っていても、心からの説得や諭ではない事を敏感に感じ取り、ただ怖い思いだけで聞く耳を持っていないようです。そこそとお握りを食べている為に、なかなか満腹にならず、私の話を聞いておれない状態のようです。

憑依霊や地縛霊は、なかなか納得しないと離れません。くじを切ったり、空念仏やエイッヤッと言った類の念力では簡単には行きません。私は霊体質だ、などと自慢していては大変な事になってしまいます。興味本位でくじを切ったり、霊を呼び込んだりしてはいけません。彼等も苦しいために必死なんですから、助けを求めたり支配しようとします。

ここでの供養に、おにぎりを供え（仏壇では有りません）、ローソクを灯しましたが、一刻も早く成仏してもらうためには、本人の希望や状態に合わせて聞く耳を持たせるための手段なのです。霊自身がそのように想い込んでいるために、このような手法をとりました。

終末論と神の怒り

世の中は終末論の本が沢山出版されておりました。宗教に於いても戒律的な物も多く、守れない人間は地獄に落ちたり、神の怒りに触れるが如くに流布されています。人間を導き愛や慈悲を説く神仏は、人間の過ちを許さないのでしょうか。

現在の世の中は私利私欲にまみれ、飽くことの無い物欲と執着に取り憑かれています。まさに神仏の怒りに触れても可笑しくない程の、末法の世に成り下がっているのは事実でしょう。

しかし、神仏が直接罰を与えたり、怒りのままに人類を抹殺したりはしないはずであります。神の使いであるキリストは愛を説き、仏陀は慈悲（慈は相手に喜びを与える。悲とは苦しみを抜きさる意）を説いていたのですから。

神仏は人間に思想、心情や行動の自由を与えています。何故なら、レールの上を走っていたら安全であっても、何一つ冒険的体験や創意工夫の実践が出来ません。危険や失敗を含めた色々の体験をする事が、魂の向上に役立つはずです。この事が人生の意味合いであリましょう。

霊は人間の肉体を借りて、魂の向上の為の体験をするわけですが、出産と同時に前世の記憶は内在されるようです。いわゆる多宝塔は、何回もの転生による経験が心の宝となり、内在されているさまを形として表現されたもののようです。人生はゼロからのスタートとなる為、修練の場となり、間違いも犯すのです。神仏の罰や怒りではなく、当然間違いの程度に応じての結果が表われるだけのことです。科学的に言えば、原因と結果の法則です。その結果をどう解釈して次の行動に役立てるかが重要なのではないでしょうか。

全宇宙は一定の法則の元に運行しています。それは因果律です。たとえば身近な物体を押すという行為の原因があると、結果は物が移動します。この事を数式で表わすと、このようになります。

ｍａ＝Ｆ

これは運動の法則で、Ｆ＝力、ｍは質量、ａは加速度。いわば原因と結果の法則とも言えるでしょう。

「神の罰が当たったのかな」と思うような結果が起こったとしたら、それ相応の原因となる何事かを自分で起こしているのではないでしょうか。明日の事も、いや一時間後の事も解らない人間が、手探りの状態でこの世を生きているわけで、過ちの一つや二つ起こしても無理の無い事です。人間の過ちを許さないどころか、神や天使、守護指導霊達も、はらはらしながら頑張れよ！　と応援してくれているに違い有りません。早く人間としての人生の目的と使命に、目覚めるよう願っているはずであります。罰ではなく魂の為の試練であり、我々が宇宙の真理からはずれる原因を作った分だけ、相応の結果が現われるだけの事です。

真理から外れた分だけの反作用が宇宙の法則に従って起こって当然であります。心霊のことを話せば、もっと科学的な裏づけの元に話をしろと世間では申しますが、このような事態が科学的と言わずして、どのような事柄を科学的と言えるのでしょうか。科学的に言えば神仏の怒りなど有るはずが有りません。

神仏は我々人間に「行動、思考の自由」という試練を与えてあるのです。これこそが神仏の愛であり、罰など与えて懲らしめる筈がありません。ましては、人類を抹殺するはずもありません。魂の修行に人間の肉体が最良であるからこそ、人体に霊が宿ったはずでありま す。人間の肉体を必要としない次元に達した霊魂は、それにふさわしい次元、環境、物質を選んで再生するでありましょう。

末法の世とは

現在の世の中はすべて自己中心的な生き方になってしまいました。心の在り方を忘れ、物質欲、名誉欲、財産欲、金銭欲にまみれ切っているように見えます。もう世も末だと思わせる現状であります。経典の中では次のように述べております。

仏陀が捏槃（ねはん＝梵語ニルヴァーナの吹き消すの意から、欲望の火を吹き消した状態の悟りの境地）した後、法（仏陀の鋭かれた真実の教え、経、律、論の三宝）の教えが忘れ去られた時、このような恐ろしい事が世の中に起こる

（「法滅尽経＝ほうめつじんきょう）

この中から紹介してみましょう。

「仏がクシナガラに住しておられて、まもなく入滅されようとする時のことである。いつも光り輝いておられる仏に、今日はその光明が無い。不思議に思った阿難が、そのわけを尋ねても黙して語られない。三度の問いにやっと重い口を開かれた。法が滅しようとする時は、このような有様と成るであろう」と。

父を殺し母を殺し、そして仏法を滅ぼすような無法（五逆）が横行し、魔道が盛んになる。悪魔が沙門となって仏法を乱し、五色の袈裟をつけ、酒を飲み肉を食い、お互いに慈しみも憐れみも持たない。

たまたま菩薩や辟支仏（びゃくしぶつ・緑覚）、阿羅漢（三種の悟りを求める人々）が出て、貪を隣れみ、老いをいたわり、自分を無にして人々の為に尽しても、悪魔の比丘たちは逆にこれを非難し、あげ足を取って教団から追い出してしまい、一緒に修

行しようとしない。

寺廟は乱れ果てたまま修理することもない。財物を貪る事だけに夢中で、奴隷を売買したり、山林を焼き払ったり、人々を苦しめて慈悲の心がない。中略…

経を読むにも空句を知らない。それでいながら、いたずらに名誉を求め、世間に名を知られて、人々から供養（金品の施し）されたいと願う。

一方、世間の人はというと、法が滅しようとする時には、女人が精進して功徳をなす。男子はなまけて仏法に関心がない。沙門に会おうものなら、糞土の如く見て、信心はさらさらない。

このような時には諸天も悲しみ、雨を降らせないので穀物は実らず、疫病が流行して、死する者も数知れない。お役人も道理をわきまえないから、人々の苦しみを見ていたって楽しんでいる。

悪人は浜の真砂のごとく増え、善人はいても一人か二人。世界の終末のときであるから、日月がいつもより早く回転し、人の寿命は短くなる。

四十になるともう頭は白くなり、男子は早死にして、せいぜい生きても六十才。女性は長生きで七、八十才まで生き、時には百才に至る。

そして突然、大水が襲ってきて止むことがない。富める者も貧しき者もみな溺れて、魚やすっぽんの餌食になり世界は滅びる。
（森章司氏の解説より）

なんと現実に合致していることか。再度ノアの箱舟のような事態になるのか、あるいはここまでは過去のことでありましょうか。

このような教えを説かれた「法滅尽経」や、ノストラダムスの諸世紀等の影響で、終末思想を吹聴するものがあっても驚きではありません。いたずらに怯えたり、救いを求めて邪な新宗教に走ったりしてはいけません。祈ったりお願いしても、自分だけ救われるはずがありません。行いを正す事が重要であります。

「法滅尽経」に述べられたのは、堕落した人間の心を警告するものであり、この警告に注目し、人間の魂を磨いていけば、結果は違ってくるはずであります。

さて、「法滅尽経」の後略部分を見てみましょう。

しかしある時、菩薩や辟支仏（びゃくしぶつ・緑覚）、阿羅漢が現われて悪魔を追い払い、山に入って自分達だけの聖地を造るようになる。

そうして寿命が徐々に長くなり、諸天の守護のもとに月光なる人物が世に出て『首楞厳経（しゅりょうごんきょう）』や『般舟三昧経（はんじゅうさんまいきょう）』を説き、仏法を起こして入滅する。それはまさに灯火の滅っせんとする時に、一時光を増して明るくなるようなもので、これも法滅の時のごく一時の輝きにすぎない。これからの後のことはもう説くことも出来ない。
こうして、数千万年後に弥勒菩薩が世間に生まれて仏となる。この時天下は太平となり毒気は消除し、雨も降って五穀が実り、人の寿命も八万四千才と長くなり、数知れず覚証を得る人が出るようになる。

これが「法滅尽経」の全容です。さて皆さんはどのように受け止めるでしょうか。

来世の行き先は

仏教においての来世の行き先は、日常の行いにより閻魔大王が選別する話があります。エジプトの死者の書では審判の部屋があり、死者の心臓が秤の皿に乗せられて、もう一方のマアトトの羽毛とで重さを比較される。重いと所謂地獄に落ちるようであります。キリスト教では初の審判により決定するという考え方がありますが、我々の死後の審判はどのように決定されるのでありましょうか。

インドのギユメ寺前管長ドルジエ・ターシギ氏の書に、こうあります。

来世を決定するのは、すべて前世の自分の業です。行為を行った自分がその結果を受けるという因果関係だけであって、そこには第三者は介入しないのです

（平岡宏一訳著「問答　ゲルク派版・死者の書（クスムナムシヤ）」）

私は「すべて前世の自分の業」だけではなく、これに「現世での行為」を付け加えたいと思います。業とか因縁と言えば迷信のように感じますが、前章で書きました「原因と結果の法則」によって決定されると考えています。

私見では、前世の因縁は、あの世において全て修正しなければこの世に生まれる事は出来ず、現状より更に高い次元に上るための試練としての環境を選んで出生するという説を取っています。行き先の結論として「行為を行った自分がその結果を受けるという因果関係だけであって、そこには第三者は介入しないのです」との説に賛同します。

エジプトの死者の書の審判が暗示するように、動植物全てに関しての悪を行えば、心にマイナスエネルギーが蓄積されていきます。マイナスエネルギーは重たい振動や粗雑な波動と同一で、低次元であり霊界でも低次元の世界にそのまま移行するのです。つまり物理学で言う「原因と結果の法則」通りに結果が出るのは当然であります。ここで各宗教の死後の世界を見てみましょう

各宗教の死後の世界

キリスト教

イエスを信じるものが天国に入れる。死者の魂が審判にかけられる

①審判↓天国、地獄
②最後の審判↓天界での永遠の生命、永遠の地獄

イスラム教

善行が多い↓天国。悪行が多い↓地獄
①審判↓天国、地獄
②最後の審判↓永遠の生命、永遠の地獄
最後の審判では死者も再び生き返り、生きていた者と共に裁判の席で審判。二人の天使が各人の生前の善行、悪行を天秤ではかる

ユダヤ教、ゾロアスター教

①審判↓天国、地獄
②最後の審判↓永遠の生命、永遠の地獄

ヒンズー教

論廻又は解脱

神道

カミとは、満ち足りたもの、上の方にあるもの、昔いた者の意味がある。
この為、日本では菅原道真（天神様）、乃木将軍（乃木神社）など、実在の人間が神に

なることが出来る
死んだ魂↓黄泉（よみ）冥土、所謂死の世界、
荒御魂（あらみたま）＝不満を持ったまま新たな霊魂↓神になっていない
和御魂（にぎみたま）＝平和に死んだ霊魂↓神になっている

仏教
成仏（極楽往生）、六道輪廻。この二つの間に天道、人間道、阿修羅道、畜生道、餓鬼道、地獄道がある。転生は死後四十九日目に決められる。

（岩澤亮氏の解説より）

この様にいずれの宗教に関しても死後の世界が存在して、人生における行動と心の持ち方によって原因と結果の法則どおり行き先が決定するようであります。

霊界の構造

一般的に霊界は三千種の異なった世界がある、と言われています。各人の心は顔同様に、千差万別である事を見れば、当然考えも行いも同様であるに違いないと想像出来ましょう。あの世、つまり霊界には生きていた時の心の次元のままの世界に、そのまま移行するようであります。ちょうど肉体で例えるならば、三〇センチの人は二五センチのドアは通れま

せん。二五センチのドアから通る世界にどんなに魅力があっても無理なことであります。各人各様、千差万別の次元を、三千世界と表現されるようですが、このような世界は、性質の似通った霊魂同士が引かれ合ってグループを形成しているようです。

●ジェラルテン・カミンス説

①物質界、冥府又は中間境　②夢幻界（幽界）　③色彩界（幽界）　④光焔界（幽界）　⑤光明界（霊界）　⑥超越界（神界）。

●高橋信次説

①物質界（三次元）　②幽界（四次元）　③霊界（五次元）　④神界（六次元）　⑤菩薩界（七次元）　⑥如来界（八次元）　⑦宇宙界（九次元）

仏教以外の宗教での審判後の行く先は、漠然とした天国や、地獄となっていますが、内部的には色々の段階や世界があることを連想されます。各界層毎の仕切のようなものはないにもかかわらず、その次元相応の魂の波動が合わないと簡単には移行出来ないようであります。

霊魂の善悪について

ある霊魂は善の道に従うのに、ある霊魂は悪の道に従う…これは如何なる理由によるものでしょうか？　純粋無垢のままに生まれた筈の生命が、極悪非道の人生を送る人達もあります。

善と悪の分岐点を考えてみる時に、原因は前記の通り「原因と結果」以外にはあり得ません。善悪の動機となるものは、教育、環境（家庭、地域社会、学校）、思想が考えられます。さらに、霊魂自身の性格等の強い、弱いの違いが、困難にぶつかった時の方向が決まって行きます。別な観点で述べるなら、この世での転生が二～三回目の魂と七～八回目のベテランとは経験と魂の次元が異なります。

この世での初心者は自分で方向づけた人生であっても、困難に対しておろおろ、どきどきして、決断力にかけ意思が弱い面が出てしまいます。一方ベテランは、より高い次元の困難でも、内在された豊富な経験により余裕を持った判断が下せます。

人類や動植物に対して何をなしたか、その積み重ねが善は善となり、悪は悪として霊魂の波動となり染み付いて、その性質を形作る原因となりましょう。

困難に対して如何に対処するか、自分の課題をどの程度克服出来るか、自分自身のこと以外に第三者にどのような善悪をなしたかが、この世での修行の命題でもあります。

霊魂はすべて自由意思を持っているではないか。神はどの一つの霊魂も悪霊として創ってはおられぬ。神は単純で無知なものとして、初め創り給うた。即ち善に対する

も、悪に対するも、同じ態度をとるものとして。悪となった霊魂は、自らの自由意思でそうなったのである

（「霊の書」潮文社より）

我々が人生を生きる上で、何が善でどのような事が悪であるかは、子供でない限り皆さんも理解しております。自分にとって利益となる事だけが善でない事は言うまでもありません。悪に走らないためには常に正しい基準で自分を正さなければなりません。仏教に於いては、八正道の基準に照らして己を振りかえる教えが、人間が生きて行くための指針として転法倫経に示されております。

人生には数々の苦しみが溢れています。苦しみから逃れたいために新たな苦しみである執着が生まれます。雑宝蔵経の中で次の様に述べています。

生が有れば死があり、幸いが有れば災いがある。善い事が有れば悪い事が有る。人はこのことを知らなければならない。

愚かな者はただひたすらに災いを嫌って幸いだけを求めるが、道を求める者はこの二つを共に越え、そのいずれにも執着してはならない

幸せになりたい、老いたくない、病気になりたくない、死にたくない等は生きるための本能の一つでもありましょうが、執着すれば悪い方向に進むでしょう。

この執着から離れなければ、人生は全て苦しみであります。この苦しみを滅ぼし尽くし

た境地に入るには、八つの正しい道（八正道）を修めなければならないとあります。何が善悪かの判断基準の物差しが次ぎの八正道であります。

八正道とは

一、正見（正しい見解）

見える現象のみに左右されない。外見に惑わされず本質を正しく見る。どちらかに片寄らない。中道から見た真理に沿った見解。

二、正思（正しい思い、考え）

邪な自分勝手な考えは大変良くありません。人間の思いは三千世界に通じるといいます。地獄界の邪悪な霊までも呼び起こす危険もあります。現世でも摩擦を生じます。思う事だけで想念（エネルギー）が発生して、実際の行為と同じ現象が起こりうるのです。恨み、妬み、嫉妬、片寄った思想はいけません。

三、正語（正しい言葉）

偽りと、無駄口、悪口、二枚舌を離れる。

言葉自体にも魂（言魂）があると言われるように、いやな言葉は人を刃物のように傷つけます。エネルギーを発しているのです。また優しい言葉はそのエネルギーで人の心を癒します。

口にはいってくるものは、みな腹のなかにはいり、そして外に出て行くことを知らないのか。しかし、口から出て行くものは、心のなかから出てくるのであって、それが人を汚すのである。というのは、悪い思い、すなわち殺人、姦淫、不品行、盗み、偽証、そしりは、心の中から出てくるのであって、これらのものが人を汚すのである。

（日本聖書協会訳「マタイによる福音書」第一五章一七節）

四、正業（正しい職業・行い）

殺生と、盗み、よこしまな愛欲を行わない。

正しい行動。正しいまともな仕事を持つことです。人間、霞を糧には生きられません。だからといって利益があればなんでも良いとは言えません。たとえ商売でも不当な利益を得ようとすれば摩擦が起きます。正当な価格なら感謝されて繁盛するでしょう。青少年に悪影響を与える商売や、購買心を不当にあおるような不必要なコマーシャルなど抑えねばなりません。

五、正命　（正しい生活）

人として恥ずべき生き方を避ける。収入に見合った生活。見栄を抑えた生活。家族や地域社会との調和された生活。このような生活を送るには、自分の長所短所を良くわきまえて、長所を生かすよう努力する。足りることを知り、余力は　ボランティア等に行動をおこす。

六、正進（正しい道に進む努力）

人の道にはずれないよう努力する。自身に与えられた仕事や役割、学業などに努力する。神仏の世界を地上に具現する努力。

七、正念（正しい思念）

自分に都合の良いように念じるとか、耶な願望はいけません。執着心を持たない。調和された生活を念じれば邪悪な気持ちは起こりません。人々をうらやむ心ではなく、人々の成功と幸福を念じる。思いやりの心。

八、正定（正しい心の統一）

自分の心を静かに統一し、今日を一日一生と思い努力したか、間違った思いや行動を取らなかったか、誤っていたならその原因は何故どこから来たのか、一日の反省をすることです。たいていが自己中心であったりするものです。

以上が、心の統一と反省の正しい中道の基準であると説かれています。そして次のようにのべています。

これらの八つは欲望を滅ぼすための正しい真理（道諦）といわれる。

これらの真理を人々はしっかり身につけなければならない。悟りはこの八つの正しい道によってのみ達し得られる。（仏教伝道協会編「仏教聖典」―解釈は筆者）

このような観点で毎日の行いを振り返り正すならば、魂が悪の方向に進むことはないでありましょう。

四念住、四正勤、五力、六波羅蜜

四念住（しねんじゅう）

一、わが身は汚れたもので執着すべきものではない。

二、どのような感じを受けても、それは全て苦しみの元であると見る。
三、わが心は常にとどまることがなく、絶えずうつり変わるものと見る。
四、全てのものはみな原因と条件によって成り立っているから、一つとして永久にとどまるものはない（無常）と見る。（仏教伝道協会訳「パーリ増支部五―一六」）

四正勤（ししょうごん）

一、これから起ころうとする悪は、起こらない先に防ぐ。
二、すでに起こった悪は断ち切る。
三、これから起ころうとする善は、起こるよう仕向ける。
四、すでに起こった善は、いよいよ大きくなるよう育てる。

五力（ごりき）

一、信じること。
二、勤めること。
三、意識をはっきり持つこと。
四、心を統一すること。

五、明らかな智慧（正邪を分別する正しい判断力）を持つこと。
（仏教伝道協会訳「華厳経」六、明難品）

六波羅蜜（ろくはらみつ）

一、布施―惜しみの心を退ける。
二、持戒―行いを正す。
三、忍辱（にんにく）―怒りやすい心を修める。
四、精進（しょうじん）―怠りの心をなくする。善行を修める。
五、禅定―散りやすい心を静める。
六、智慧―正邪を分別する正しい判断力をつける。

乞うものを見て与えるのは施しであるが、最上の施しとはいえない。心を開いて自ら進んで他人に施すのが最上の施しである。施した後で悔いたり、施して誇りがましく思うのは最上の施しではない。施して喜び、施した自分と施しを受けた人と、施した物と、この三つを忘れるのが最上の施しである。布施は惜しみの心を退け、持戒は行いを正しく、忍辱は怒りやすい心を治め、精進は怠りの心を無くし、禅定は散りやすい心を静め、智慧は愚かな暗い心を明らかにする。（仏教伝道協会訳「大般涅槃経」）

仏陀やキリストは、文書で戒律や教えを残してはおりません。民衆の現場において喩え話をしながら、直接教えを述べております。前記のように経典としてまとまった記述として目にすると、大変理解しやすいものとなります。このような正しい基準を物差しに、毎日自分自身を律するならば、悪への道は遠のくでありましょう。善の霊魂に成りたいものです。

運命について

努力しても報われない、自分に責任のない出生時からの貧富の差や能力差を感じる時、なんと悪い運命の元に生まれたのだ、運命はなんと残酷だ、などという場合があります。生まれついての運命はあるのでしょうか。

人生を左右する不思議な力を運命と呼んでいますが、絶対逃れられないように考えている人々も多いと思います。はたして人間の人生が生まれた環境や姓名、手相、生年月日によって左右されるものでしょうか。もしそうだとしたら人間は何のために生まれてきたのでしょうか。

私は現在の運命は各個人が過去に作った結果であり、自身が選択したもの、また、未来は現在の自分が行動した結果が表われるものであると思っています。

物事には原因と結果が表裏一体となっています。現在の運命は過去の原因の結果と考えたら、自分自身に原因の元があります。善かれ悪かれ自分の蒔いた種は、自身で刈り取るものです。このことから考えるに、運命は絶対ではなく変え得るもの、変わるものであることが理解出来ます。

料理が辛すぎたら水で薄めれば修正出来ます。悪い原因を作らないように努力し、作ってしまったら「なぜ、どうして、原因は」と分析すれば、過ちははっきりして来るでしょう。「過ちは改めるにしかず」です。原因が解ればやり直し修正が可能です。

明日の事が解らないから修行になるのではないでしょうか。「二度と同じ過ちを犯さないよう努力する事、悪い原因を出来るだけ作らない事、そして良い種を蒔く事」が運命を変える方向となるでしょう。

このように色々と体験する事によって、魂は磨かれ向上するはずです。

「人間は魂の向上の為、輪廻転生する」

この事が人生の目的なのです。別な考えをすれば、魂の鍛錬と向上を目的に、自らが今生の環境を選んで生れてきたはずですから、他人から押し付けられたような運命など、有るはずがありません。

自分の魂の修正と向上を目指すべき目的を持った人生ですから、「運命とは、生まれついてのものではなく、良くも悪くも自分が試行錯誤して行動した結果の現われや、この世での取り組むべき課題として、自分で決めてきた目標」でもあると考えます。

しかし因果の法則により、修正出来なかった分は、それ相応の修正と償いは為さねばならない覚悟が必要でしょう。当然良い原因には良い結果が現われます。

他人に事前に決められた人生ではなく、何回も転生するたびに、その都度新しい人生修行に、一番最適な目的と環境を選択し、その目標を実践する為に生まれて来て居るのです。輪廻転生については次作で深く検証する予定です。

華厳経における運命とは

もしも、すべてが運命によって定まっているならば、この世においては、善いことをするのも、悪いことをするのもみな運命であり、幸・不幸も全て運命となって、運命のほかには何ものも存在しないことになる。したがって人々にこれはしなければならない、これはしてはならない、という希望も努力もなくなり、世の中の進歩も改良もないことになる。

（仏教伝道協会訳）

世間で言う運命とは、人生の出来事が前もって定まっていることと解されている。

もし物事がそういう具合なら、人間は意志も何もない機械にすぎない。もし人間の行為が運命の力で縛られているなら、人間の知性など何の用があろうか。そこには人間の責任のようなものは存在しない。したがって善もなければ悪もない
（…中略…）

もし人間が運命に依存するものなら、自己改善など思いもよらぬだろう。自ら進んで行為することも不要。しても無駄であるのだから。

（…中略…）

霊が受肉以前に試練のためか、償いや使命のためか、自ら人生を選択したその結果として運命はある。彼は自分が選んだ人生の転換にどうしても従わねばならぬ、善かれ悪しかれ、その中のすうせいに順応せねばならぬ。だが、運命はそこまでだ。その趨勢に従うかどうかは彼の自由である。

（アラン・カーデック）


どこまでも神仏は「人間に選択の自由と行動の自由」を与えているようです。生まれた家が悪かった、親が、友が、世間が、運命がと他人のせいには決して出来ないようであります。

あなたの運命は「自分が選んで決定し、自分の決断と行動」が結果としての運命になっている事を自覚すべきでしょう。運命は己自身で決め、行動した結果であるなら、善なる

自分の意思、行動で幸運へ変えられる事をも示唆しています。

第三章　霊界問答

さて、ここからは具体例や体験をまじえながら、問答によりお話を進めて行きましょう。

●キリストや仏陀の生まれ変わりはあるか

問▼キリストや仏陀の生まれ変わりと称する、新宗教の教祖がおります。本当にこのような事が起こり得るのでしょうか?

答▽東方の国ジャン・ドーヴァーに救い主が現われると、仏陀は予言されたようですが、このような事は輪廻転生の法則を考えれば、起こり得る事例だとは思います。しかし、仏陀となられた方は、この輪廻転生の法則を超越された状態をも言います。乱れ切った地上界に真理の法灯を燈さんと、特別の使命感を持って降臨される場合もあるようです。

しかしこの時、自ら有名な宗教者を名乗る事はないと思います。暗に俺は偉かったのだぞと言っているようなものです。かっての偉大な賢者が人間如きに威張ってみても、たかが知れています。

たとえ仏陀、天使といえども、再生の瞬間に前世の記憶は全部内在されるようです。何故なら前世の記憶があると、この世での修行のじゃまになるからです。

例えば本当のキリストの生まれ変わりと称するなら、ヘブル語(ヘブライ語)やコイネーギリシャ語、アラム語をスラスラと話し、仏陀であれば古代インド語(パーリ語、サンスクリット語等）を話せるはずであります。

キリストや仏陀等、偉大な悟られた方の状態をアボロキティ・シュバラーと言い、過去、現在、未来の諸現象を自由自在に見聞することの出来る、宇宙即我（宇宙と自分が一体である）の悟った心の状態のはずなのです。ですから、外国の言葉や過去世の言葉などは、習いもぜずとも当然自由自在のはずであります。

また、人間を守護指導される方は、神からの直接の指導ではなく、指導霊（天使）の仕事ですから、神の名や偉大な宗教者の名前を直接名乗って語るはずはなく、低級霊が人間をからかったり、自由に繰ろうとしているに違い有りません。あるいは、自称霊能者が一般の人が霊視出来ない事からの詐欺行為でしょう。

本当の聖人は、過去の偉人の名前など名乗った所で無意味であることを十分に承知しています。尊大な態度や言葉、神仏の名を語る霊や宗教家は、自ずからの本性である霊格の低さを暴露しているようなものです。信じるに値しません。

キリスト教の聖典として確立された新約聖書は四世紀後半で、コイネーと呼ばれる当時地中海沿岸諸国で共通の日常的なギリシャ語で書かれているようです。

イエスは一般向けの喩え話や説教、会話は、ギリシャ語とアラム語を使用し、ヘブライ語しか理解できない人々だけにヘブライ語を使用した。（鈴村進「聖書の謎百科」）

イエスJesusの古代ヘブライ語形はヨシュアJoshua、またはイエシュアJeshuaで、しばしばイエスJesuとも表記されていた。ギリシャ語形によって語尾にsがつけられてイエスJesusとも表記された。「主は救い」の意味です。

キリストはヘブル語のメシア（救世主）Meschiach（マーシーアハ）のギリシャ語訳クリストスChristosで「油注がれた者」の意味。したがってイエス・キリストは「キリスト＝救い主であるイエス」という意味である。

（スペンサー・ルイス著、内田和彦訳「イエスの知られざる生涯」）

エルサレムには、天下のあらゆる国々から、信仰深いユダヤ人たちが来て住んでいたが、この物音に大勢の人が集まってきて、彼等の生まれ故郷の言語で、使徒たちが話しているのを、誰もかれも聞いてあっけに取られた。そして驚き怪しんで言った。見よ、いま話しているこの人たちは、皆ガリラヤ人ではないか。それだのに、私達がそれぞれ、生れ故郷の言葉を彼らから聞かされるとは、いったいどうした事か。私達の中には、パルテヤ人、メジヤ人、エラム人もおれば、メソポタミヤ、ユダヤ、カパドキヤ、ポントとアジヤ、フルギヤとパンフリヤ、エジプトとクレネに近いリビヤ地方などに住む者もいるし、またローマ人で旅に来ている者、ユダヤ人と改宗者、クレテ人とアラビア人もいるのだが、あの人々が私達の言語で、神の大きな働きを述べるのを聞くとは、どうしたことか。

（日本聖書協会訳「使徒行伝（しとぎょうでん）」第二章五節）

この現象は次のように起こったと記されています。

五旬節の日が来て、みなの者が一緒に集まっていると、突然激しい風が吹いてきたような音が天から起こってきて、一同が座っていた家いっぱいに響き渡った。また、舌のような物が炎のように分かれて現れ、ひとりびとりの上にとどまった。すると、一同は聖霊に満たされ、御霊が語らせるままにいろいろの他国の言葉で語りだした。

（日本聖書協会訳「使徒行伝」第二章）

このように、十二人の使徒たちが沢山の人々の前で、各国の言語で説教をしている様子が記されています。

「あの人たちは新しい酒で酔っているのだ」という聴衆もいたといいます。使徒でさえ聖霊に満たされて、何カ国語でも話せたのですから、仏陀やキリストの前世を持つものであれば、当然ペラペラのはずであります。あえて異言や前世を話す必要はありませんが、厚かましくも生まれ変わりと称しながら、霊言、異言については、おくゆかしくも話が出来ないとすれば、矛盾もはなはだしいかぎりです。

法を説くにあたり、キリスト、仏陀、著名な天使、菩薩、八百万神を名乗る必然性はなにもありません。インペレータの「霊訓」には霊言、お告げ、霊示の類は本当か否かを判断する方法として三つ記してあります。一つは徹底的に疑ってかかること。「唯々諾々として何でも有難がるのが一番危険である。疑われて機嫌を損ねるような霊は相手にしないほうがよい」とあるように相手の一方的な言葉のみをまともに信じる前に、冷静に分析しながら観察すれば、偽物は直ちに見破ることが出来るでしょう。

また経典「像法決擬経（ぞうほうけつぎきょう）」の中でこのように教えています。

自分こそ法師（人々を導くにふさわしい得を備えた人）だ、あるいは律師（戒律を守り、正しい道を歩む人）だ、あるいは禅師（悟りに達した人）だと自称する者こそ、私の教えを真っ先に破壊する者だと知りなさい。

末法の時代となれば、このような自称で著名人を語り、人を騙す人々が出現する事を、ちゃんとお見通しのようであります。

●神仏が金銭を欲するか

問▼仏教系、キリスト教系、いずれの新宗教も、信者の獲得やお金にまつわる問題が多いようですが、神仏が信者やお金をどうして必要なのでしょうか」

答▽まず信者の獲得ですが、信者の数がこんなに多いから正しい教えだと、強調したいのでしょうが、多数決で真理は決まりません。全く愚かなことです。

入信者は幸せであるはずだかち、勧誘された人が入信すれば、幸せになるお手伝いをしたあなたも幸せになれる。というような論調が多いように感じます。自分自身も幸せになりたい為に、真理を完全に理解出来ないまま、先輩や教祖の言うがままに勧誘する事が相手にとっても良い事だと、早合点させられているようです。

つまり「宗教心に目覚めさせてあげた、真理に導いた」との気持や、お金を出す事（お布施、喜捨）による自己満足心をあおるものです」

彼らをそのままにしておけ。彼らは盲人を手引きする盲人である。もし盲人が盲人を手引きするなら、ふたりとも穴に落ち込むであろう
（「マタイによる福音書」第一五章一四）

不十分な知識で人を導くことは大変危険なことです。また、信者など勧誘しなくても良い教えは自然と広まるはずです。

史記に『桃李、もの言わざれど、下、おのずから道を成す』という言葉があります。これは『どんな荒れ野の中にあっても、美しい花が咲き、おいしそうなすもの実がつけば、たとえ道がなくても人々が分け入って、自然と小道が出来てしまう』という意味あいです。

この話を宗教で言い変えれば、教えが正しければ、なにも広告宣伝したり信者に勧誘さ

せなくても、自然と人々は教えを請いに集まって来るでしょう。人々や信者を集めねばならない理由などあるはずがありません。

次にお金の問題ですが、神仏の名の元に人間がお金を欲しているだけの事でありましょう。信者の為、神社仏閣を作ると言い訳しても、出エジプト記第二〇章では、「あなたは自分の為に、刻んだ像を造ってはならない。上は天にあるもの、下は地にあるもの、また地の下の水の中にあるものの、どんな形をも造ってはならない。それにひれ伏してはならない。それに仕えてはならない」と、神の声として記してあるではありませんか。まさに「汝、偶像を造って祭るなかれ」の言葉の通りです。

さらに、実に巧妙に別の言い方で説明される場合もあるようです。いわく、お金は必要最低限で満足しなければならない。欲をなくし教団にお布施を喜捨する事で、神や仏にあなたの心が通じてきっと幸せになれます。

このような教えがあるように感じます。この事は、たしかに聖書や仏典に「貪り、我欲を捨てよ」と存ります。この教えを旨く利用した言い方でしかありません。本人も惜しげもなくお金を出す行為によって、自分の欲や病気、醜さを精算したような錯覚に陥ります。立派な行為と教団等に認定されることによって、自己満足出来る事も献金がまかり通る由縁でしょう。無論、全ての献金が悪くはありませんが、なにも教団や教会でなくても良いはずです。福祉施設でも、何処でも寄付したら良いのに、なぜか教団や教会になってしまうのがおかしなことです。

この論法から行くと、お金に余裕のない人は幸福になれない気持ちになってしまいます。教団に集めた金で、お寺や教会、教団本部を豪華華麗に建設して、自派の教団のシンボルとなっているように私には思われます。御教えの布教資金にもなり、多くの人々が救済されるとの説明なのでしょうか。自発的なものは尊重されるでしょうが、改めて宗教の真の姿を考えてみたいものです。やはり信者は苦しい環境や悩みや病気があればこそ、ただ救って欲しいだけの一念で理性が麻痺してしまっているのでしょう。残念なことですが、信者の一途な気持ちを利用しているとしか私には映りません。

お布施も本来は字のごとく、法衣として利用できる布の施しであったはずで、何時の間にか、教会、寺院、僧侶に寄進するお金が主流となってしまいました。感謝や報恩の気持ちの表現であれば、現金でなくても何でも良いはずです。

仏陀の後期の時代、教えに感謝した王侯貴族は、多くの民に教えを説く場所の提供として、精舎の寄進がされたようです。要求するのではなく、自発的なお布施であります。

また、笑顔で人に接することや、困っている人のお手伝いも立派な布施行とも言えるはずです。誰にとっても現金は利用しやすく、有難い物ではありますが、物やお金だけがお布施や報恩の行為ではありません。心から有難うの言葉も大切な感謝と報恩の行為となるでしょう。

他人は苦しみの相談やアドバイスは出来ても、相手の身代わりは出来ません。自分で蒔いた種は自身で刈り取りせねばならないものです。困ったからといって、例えお金でも全てがチヤラには出来ないのです。

「苦しみの原因は何処にあるのか。苦しみから抜け出す方法はなんなのか。人生の目的と使命は」と教え導くのが宗教の本質ではないでしょうか。甘い言葉に惑わされてはいけません。お金はこの三次元の世界しか通用しないもので、皆さんが解っている通り、神仏に必要な訳がありません。

あなたがた貧しい人たちはさいわいだ。神の国はあなたがたのものであるから。
（日本聖書協会訳「ルカによる福音書」六章二〇節）

心や財産が貧しいのではなく、物質的なものに貪欲でない人々と解釈すべきでしょう。金銭や財産を寄進すれば天国にいけるなどとすり替えられては困ります。教団の建物が不必要以上に大きければ大きいほど、真理の普及ではなく、お金集めに奔走している結果としか私には思えません。

欲にまみれた人によって建てられた御殿が仏の住所ではない。月の光が漏れ込むような粗末な小屋も、素直な心の人を主とすれば、仏の宿る場所となる。
（仏教伝道協会訳「中陰経」）

●メッカ（聖地）詣での意味は

問▼新宗教でも、それぞれの宗派にまつわる聖地（教祖、開祖縁りの地等）を訪れる事が信者の義務のように語られ、また信仰心の尺度を計るかのごとく言われるようです。いわゆるメッカ詣でに、何か重要な意味合いがあるのでしょうか？

答▽宗教の聖地を踏むことにより何かの決意の要因になったり、信者同志のそれなりの親睦をはかるきっかけとしては無意味ではないと思います。このような行事を自分の一年間の目標として仕事の励みにされる人もありましょう。しかし、遠隔地の信者にとっては、旅費、本部お参りのお布施、家庭での留守中の事を思えば躊躇せざるを得ない人々もあるでしょう。

信者の踏み絵的な意味合いや、信者を何人本部参りさせたか、また下部組織のお布施などの競争心や、お参りによる救いの希望から出た習慣であれば、全く無意味どころか宗教団体の行事とは思われません。宗教家も信者も次の言葉を重く受け止めるべきでしょう。

たとえ、私の衣のすそをとって後ろに従い、私の足跡を踏んでいても、欲に心が乱れているならば、その人は私から遠い。たとえ姿は出家であっても、彼は教えを見て

いない。教えを見ないものは私を見ないからである
たとえ、私から離れること何千里であっても、心が正しく静かであり、欲を離れているなら、彼は私のすぐそばに居る。なぜかというと、かれは教えを見ており、教えを見るものは私を見るからである
（仏教伝道協会訳「パーリ本事経九十二」）

●信仰や霊力で病気が治るか

問▼病気は信心すれば治るとか、霊力で治すとか、そうした話を聞きますが？

答▽「病気なんて元々ないものだ。皆さんの心がけが悪いから病気になる」というような教えを耳にしたことがあります。心が真っ直ぐでも、遺伝的や体質的なもので病気になる場合もあります。信仰や霊力では簡単に病気は治らないでしょう。なんでも病気や不幸を、浮かばれない先祖の霊や悪霊、動物霊のせいにする宗教家、祈祷師、霊能力者が居るとすれば困ったものです。

前章で憑依について述べましたが、良くも悪くも同じような波動の人が接すれば共鳴や導通が起こります。次元の高い人同志であれば良き友となり、次元の低い人、悪霊であったりしたら、憑依によりおかしくなる場合もありましょう（朱に交われば赤くなる）。お祓いや、祈祷によって確かに一時的に良くなる場合もあります。しかし根本的な憑依

者の理解や納得がなければ立ちのかないし、霊力が有っても憑依者が何者であるかも解らず、ある種のパワーで離しても、憑依された者の心の次元が高くならない限り、又同様の事が繰り返されるでしょう。本物の霊能者であれば、どの様な理由でなぜこの者に憑依したか、心を読めるであろうし会話も出来るはずです（霊体験一～四の如く）。

●拝んで悪霊は取れるか

問▼よく世間で「悪い憑きものを拝んで祓う」と言いますが、具体的にどのようなことですか?

答▽病気が憑依霊であれば、筆者は次のようなことを呼びかけます。

①死者としての死の自覚をしてもらい、魂の永遠性を説く。

②今、苦しんでいる（地獄にいる）原因は己自身に原因がある事。

③人生での過ちの矯正をする修行の必要性。魂の向上しょうとする心を高める。

④死者があの世の事が理解出来なければ、自分自身にも魂の兄弟による守護指導霊がいらっしゃるので、魂の修行所への案内を心から念じること。

このような段階を踏まえて理解させなければ、簡単に憑依者が離れ納得する訳がありません。時間もかかりその都度霊の反応を見ながらの説得ですから、大変なエネルギーが必要です。お祓いや護摩札を焼いたり、エイヤッと気合いですむほど甘くはないはずです。また除霊のランク付けがされていて、お金が加算されるなどもってのほかと言わざるを得ません。前記の過程を踏んで霊自身も納得して立ち退き、前進しようと魂が前向きな心となり、初めて成功と言えるでしょう。

信仰や霊力により病気が治る事のみを宣伝する新宗教は、本物ではないはずです。宇宙の真理を示し、人間の生き方とはなんたるかを教え導くのが宗教のはずです。宗教とは、人間が人生修行の中で、我欲や執着から離れる事がいかに大切か、そして、その方法論と心の在り方の教えがその真髄です。現世利益が全面に出ているものほど偽物です。信じるに値しません。

拝んで下さった人が、菩薩なら祈願の力で変わってきます。しかし普通の人で、お金をもらって落としてあげよう、というのでは、変わることはありません。密教には現世利益の祈祷は確かにあります。それはどういうものかというと、たとえば、憑いているものが喜びそうなものを与えて出ていってもらう、あるいは真言を唱えて真言の力で追い出す。そういうケースがあることはあります。しかし自分に憑いた餓鬼を追い出す最高の方法は、自分が仏様に帰依（仏の教えを理解し実行）するという気持ちを強く持つことです。（平岡宏一訳著「ゲルク派版・死者の書（クスムナムシヤ）」）

霊体験　十一「霊の進化」

私の祖母の話ですが、生前色々の事があり、自分の長男を恨んで死んで行きました。田中さんに霊視してもらった所、狭く真っ暗な所に居るようです。そこで私が一週間ほど呼びかけ続けました。

「おばあちゃん、あの世に極楽浄土があると聞いているけど、あなたの住んで居る所は真っ暗な所のようですね。あなたは息子を恨んで死んで行きましたね。自分の息子ながら腹立たしい事も有ったでしょう。しかし恨みによって恨みが晴らされる事はありません。あなたの恨む心が真っ暗な世界なのです。だからその心に比例した真っ暗な地獄の世界に、あなたは行って居るのです。あなたの息子さんが過ちを犯しているのでしたら、怒るのも無理有りませんが許してあげなさい。あなたのお腹を痛めた可愛い息子ではありませんか。悪い所だけでは無い筈です。我々人間は間違いを犯すものです。他人を許すことで、自分も知らず知らずのうちに犯した過ちも許されるのです。許すことが大切です」

その後、また霊視してもらった所、すこし明るい所に居るようです。

「どうして明るい所にいるんですか？」

田中さんを通して聞いたところ、理由を話してくれました。

「色々考えたけど、おまえの言う通り自分の息子だし、私ももう死んでしまったことなので、怒っていてもしょうがないなあ、と思ったとたんに明るくなったんだよ」

ちょうどこのような時期に、私の母が祖母の夢を見たそうです。

「○○、一人で淋しくないか？（母は五十九才で夫を亡くし当時八十才近かった） 私は良い所に住んでいるからこっちに来ないか」

まだまだ天国とは程遠く、真っ暗から薄明りがついた程度の明るさのようですが、いかに嬉しかったかが理解出来るでしょう。

「反省、間違いに気付く事、許すことで自分も許される」

これが魂の修行の一つであり、霊界においても同様であることを学びました。

「反省により他人を許す事が、己自身も許される事」を、この話から学べるでしょう。魂の進化につながる好例です。

死んだらおしまいではなく、本人が過ちに気付いて修正するまで、この世での心の状態の次元と同等の世界に移行し、そのまま留め置かれるのです。

しかし間違いに気付き修正したら、瞬間に許される事をも意味しています。南無阿彌陀仏と唱えても、反省の自覚がなければ意味がありません。

南無阿彌陀仏とは「ナーモ・アミー・ダボ」と言い、古代インド語を漢字に音訳した言葉で「アミーと呼ばれる偉大な覚者の教えに帰依します」という意味、つまり「仏の教えを守ります」と唱えているわけです。教えを知っていても実行がなければ、念仏で救われる筈はありません。間違いに気付き、正すことしか修正はないのですから実行のみです。

現世での間違いは、反省と自覚により意図的でない限り許されます。間違うことによって色々の体験と反省が生じ、魂の向上に繋がるからです。このような体験の繰り返しが、死後の世界でも魂の向上に役立ち進化するのです。

　もしもあなたがたが、人々の過ちを許すならば、あなたがたの天の父も、あなたがたを許して下さるであろう。もし人を許さないならば、あなたがたの父も、あなたがたの過ちを許して下さらない。（六章一四節）

　人を裁くな。自分が裁かれない為である。（第七章一節）

（日本聖書協会訳「マタイによる福音書」）

●お守りの効果は

問▼神社や新宗教等にお守りが有りますが、効果は有るのでしょうか?

答▽霊体験その一の通り、父は修行の時、悪霊から身を守る為にお守り（注連縄）をしていました。お祭りの時、沿道にはこれに類する長い綱に白い紙で作った飾りを張り巡らしてありますが、これも同様です。お守りは作る人の魂の次元の高い人が「お祭りが無事に開催され、皆のふれあいの場となり、楽しい行事と成りますように」と念じて作った物は立派に役割を果たすでしょう。

しかし、商売のために大量生産し、最もらしい講釈をつけた代物や、教祖の念力が入っていると称する高いお守りなど、効果が有るはずがありません。神社等のお守りや破魔矢なども、一歩間違うとこれに類する物になりかねません。心を込めて作られているかどうかが問題です。

お祭や、お参りなどの時、自装束を良く見かけます。これは現世での地位や名誉に関係なく、神仏の前では皆平等である意味合いにおいて、白に統一されたもののようです。仏教でも貪る心、おごる心、妬みや執着を捨てるように教えておきながら、現代の僧は階級により着る袈裟が色分けされております。もうこのあたりから仏陀の教えは何処かに行っております。

金額や大きさ（たとえば地位や名誉）で価値が変わるものではなく、心を込めたお守りなら、紙でも木でも、大きさに関係なく、相手の幸福と守護を念じて作ったならば、効果があるはずです。相手を思いやるお守りは、幸運を祈って差し上げるものです。

ある有名な神社で目にしたことです。この神社では七五三の行事につきものの千歳飴を、神殿で祈願のお祓いを受けた人にのみ差し上げ、一般には販売していませんでした（二十年ほど前のことで現在は不明）。このため延々と行列が並び、お払いは五分程で回転していました。年数回の稼ぎ時とはいえ、神を司る神社のすることではないと私は怒りを感じました。しかし詣でる方も、暮れはお寺で新年は神社と使い分けて、年中行事と同じ感覚で、大した意味あいもないのかもしれません（どっちもどっちかな）。

注連縄と同様に、破魔矢についても魔よけの意味がありますが、このような商売上手な神社のお守りが、はたして効き目があるのか疑問です。

どんなつまらない物でも、念ずる人の心が込もっていれば、手作りでも素晴しいお守りとなるはずです。どんな有名な神社のお守りよりも、あなたの心からの気持を込めたお守りの方が効果があるはずです。もしもお守りを他人様からいただいたら、たとえあなたにお守り信仰がなくても、その心に感謝しましょう。

霊体験　十二「破魔矢の意味」

私がある中古住宅を買って、移り住んだ頃のことです。町名が〇塚ですが、塚の名称がつく土地はあまり良くありません。ここで私は地縛霊の体験をするのですが、この体験は別の章に譲ります。

さてある日、私の部屋の霊視をお願いしました。私は押入れのつもりで布団入れにしましたが、両開きなのでおかしいなあと思っていました。この部屋では夜中に急に子供が起きて尋常でない泣き声を上げるのでした。そこで霊視をしてもらった結果、先住者がこの部屋の棚を神棚として使用し、商売繁盛として蛇をお祭りしていたようです。

どのような場所であっても、人間が神棚やお社を造って祭る事により、霊界の低次元の悪霊が引き寄せられて住み着くようです。ここにはどうやら霊界の蛇が住み着いているとの事です。そこで、私は例の如く蛇に数日間呼びかけました。

「縁あって、現在私がこの住宅に生活する事になりました。あなたは蛇としての生命を終り、いま霊界に移り霊界での仕事や修行をなさねばなりません。こんな小さな社に祭られ、人間から礼拝されて神様気分で居着いてはいけません。動物の眷族の元に帰り修行しなさい。ここに何時までも居着いてはいけません」

これで私は立退いていると思っていましたが、その後機会があり霊視してもらった所、まだ居ついているようです。そこで引き続き同様の事を呼びかけていましたが、この頃は沢山の霊体験が続き、だんだんストレスが溜まっていました。

私は怒りの気持ちのまま「そんなに私の話が解らず離れないなら吹き飛ばしてやるぞ」と言いながら、フーッと息を吐きながら右手で払い除ける動作をしたのです。内心「蛇のぶんざいで神様のつもりか」との気持ちだったのです。

その後霊視してもらった結果、田中さんも初めての事らしく、驚いて報告されました。

「アラッ、蛇が死んでいますよ。しかも矢が刺さっています。どうしたのでしょうね」

勿論、田中さんは私がどの様な事をしたかご存じありません。知り合ってから、私達は色々の霊視や実験をお互いに提案したり、疑問に思ったことを田中さんにやってもらったり、私が実行したりしていた時期でしたので、私はあわてて弁明しました。

「いやあ、殺す様な事はしてませんが、つい腹がたって、どかなけりゃ吹き飛ばすぞ、フーッとやったんですよ。殺すつもりではありませんでした」

（冷静に考えれば、たとえ動物でも魂が死ぬ事はないのですが）

その瞬間「ああー動き出しました」思わず田中さんの声。

どうやら矢が取れたようなのです。私はホッとしました。体験その九と同様に私が許した瞬間、蛇の拘束が瞬時に取れたのです。この様に思う（言う、語る）という事も即、現象化するということのようです。

良くも悪くも恐ろしいことです。思っただけでも実行した事と同じ現象が起こる事になるのです。悪いことは思ってもいけないのです。実に厳しい現実です。

さてこの矢の事ですが、蛇を貫いて拘束したのはなんと破魔矢だったのです。私は意識して破魔矢で射た訳ではありません。霊界においては悪魔、悪霊を退治するのには破魔矢の役目らしいのです。

そこで悪霊は、破魔矢が怖いはずです。お守り、魔除けの意味が理解出来ました。現世の神社の破魔矢の物と形や色も全く同じだったようです。本当に破魔矢は、悪魔や悪霊除けのお守りになるようです。また、天使やキリストの頭にあるワッカや仏像の後光も、霊視のきく先人が見えたように、破魔矢も霊視して見れば悪霊退治に使用される事から、お守りとして神社で販売されるようになったのでしょう。

日本の神社の皆さん、心を込めてお守りは造って下さい。お守りや破魔矢からは光が射し、本当にバリアーを作って我々を守ってくれるようです。また皆さんは出来合いを買わなくても、あなたの心のこもった物は何でもお守りになるはずであります。

●墓や先祖の祟りはあるか

問▼お墓についての話です。先祖が夢枕に立ったり、頭がおかしくなった人が出たので霊能者に相談したところ『お墓が倒れたり、頭部が欠けているから良くない』と言われ、墓地に行って見ると本当に倒れたり欠けていました。そこで指導通り新しく造り直したら病が治りました。先祖の祟はあるのではないでしょうか?

答▽実際このような事が起こり得るかも知れません。なぜなら私の父も死後どうしたら良いか解らず、仏壇とお墓を行き来していた時期があったようです。

一般に死後の世界なんて誰も信じません。当然死後の世界は見えないし、体験出来ないからです。死者が一定の期間が来ると霊として目覚めます。しかし、自分の姿や形は生前のままです。周囲を見ると身内や知人が確認出来ます。おいおい、と呼びかけても知らん顔されて最初は怒っていますが、ついには諦めてしまいます。

そこで「自分は死んだのかなあ」と思い、お墓等に行って見ると自分の名前が刻んであったりすると驚いたり悲しんだりします。霊界は想念の世界ですから、お墓を自分の住家と思い念じていると、現世の家の形になっており満足して住み続ける人もあるようです。仕方なくそこに住み着いているうちに、お墓が倒れたり欠けたりすると、自分の家と思っている為、怒りだす場合があります。出て示す状態だから、つまり漢字の祟りの字となります。何かの意思表示では有ります。

質問の通りお墓を作り直したり、倒れた石を元通りに直すと、家が修復されたと感じます。これらの事で一時期は収まるかもしれませんが、問題の解決にはなりません。また再び何かが起これば文句を言います。現象的には起こり得る事です。

このような場合、大切な事は、霊界は広いのにせせこましい墓地なんぞにおらず、自分の人生の生きざまを振り返り、霊界の次元の高い境地に行けるよう教えてあげる事が、一番大切で重要な事柄です。我々人間が自覚せねばならない基本は、次のようなことです。「人間の魂は永遠である。死後の世界も存在し人生をいかに有意義に、貪らず執着せず、魂の向上に勤めたか」

これにつきるのです。我々が思う事、行う事によって、倫理に反した分だけ魂が重くなり、それぞれの重さに比例したあの世の階層に、自動的に移行するのです。

死後の世界は花が咲き乱れて美しい所だと宣伝している本も存るようですが、そのような霊界はあっても、そんなに簡単に極楽に行ける訳はありません。人生の目的と使命に目覚め、日常より常に魂の向上に勤めた人のみが行ける場所です。これとて唯の通過地点で、まだまだ魂は向上を目指して上昇する必要があるのです。宗教家や霊能者は、目先の事だけではなく、人間の人生の目的、霊界の仕組にのっとった指導をして欲しいものです。このような諸々の現象を単に先祖の祟として片付けず、本質は何であるかを理解して処理して欲しいと思います。

ここで再度お墓と先祖供養について述べます。現在の日本に於ける仏教での先祖供養は、お墓参りやお経をあげてもらうのが常識です。しかしお墓参りやお経をあげないと供養にはならず、先祖は浮かばれないのでしょうか？もしそうだとすれば、故郷から遠く離れて生活して居て旅費や休暇がない。病気で外出もままならない等の理由で、毎年お盆のお墓参りが出来ない人々がいます。このような人々の先祖は、お墓参りもしてもらえず、迎え火や送り火も焚いてもらえず、成仏出来ない事に成ってしまいます。これでは生活に困窮したり病気になったら、とんでもない事になってしまいます。先祖供養とはそんなものではないはずです。

確かに人情的には淋しいでしょう。しかし子孫の現状を理解したならば「いいよ、いいよ無理するな。皆んなが健康で自分に与えられた環境のなかで、精一杯の努力をしている事が一番の宝、何時までもあんなお墓に居ても仕方がない。霊界で自分たちのやり残した仕事をして、頑張っていくから心配ないよ」と気付いてくれるに違いありません。世界中では、墓が存在しない所も有るはずです。

そこで「先祖の皆さんお墓参りも出来ませんが、こうして頑張れるのも皆さんのおかげです。お互い頑張りましょう」と何処に居ようと念じれば通じるはずです。お墓参りも風習や心情的には大事ですが、それだけが全てではないはずであります。先祖に感謝する心が大切なのです。

魂の永遠性と人間の在り方（我欲や執着から離れる事、魂の向上）を、心から呼びかければ何処に居ようと通じるのです。祟の現象は、全ての物質や地位、名誉等に関する我欲や執着の心を脱却出来ず、そのままの心をあの世まで持ち込んだ為に、引き起こされているのです。

この道理をちゃんと理解してもらう事こそ、先祖供養であるはずです。

霊体験　十三「霊界での修行の旅」

「霊体験　四」でお話ししたように「死んだらおしまいで無になってしまう」との考えが強い人は、既に死んで肉体は存在しないのに「自分すなわち肉体」との考えから離れる事が出来ません。霊界では霊魂だけで存在して居るのに、自分としての自覚は生前の肉体として見えてしまいます。このことから、無いはずの肉体の苦しみや、痛み悲しみを感じてしまうのです。

死の自覚と魂の永遠性を認識出来た時に「死んで肉体が無くなれば痛みや苦しみも無くなる」事も悟ります。そこで前記の如く、水死者も死ぬ時の恐怖と苦しい状態が、死の認識と同時に解消される事にやっと気付いて解放されました。その後、霊界での魂の修行に旅立ったAさんの格好は、白装束で、けはんとわらじに杖の旅支度でした。棺桶の中に死出の旅支度として、杖やわらじ等を入れる風習が残っている地方も存るようですが、事実この様にして旅に出る場合もあるのです。

私の父は鳥の背中に乗って移動した時期があったようです。その後移動は瞬時に出来る事を話したら、興味有る場所に瞬時に移動できて楽しくて仕方がないと話す霊もあります。それぞれの霊格により、修行の場所や方法も千差万別のようです。また霊能者の霊視によると、何処に行ってよいやら訳もわからず、通りすがりの一行について延々と険しい場所を歩いている場面が見え、その足は血まみれになり、疲れ切っても歩き続ける一団を見ることがあるようです。

人間は死んだらあの世があり、生きていた時の全てに関し、検証をしなければならないようです。死者への修行に関してのアドバイスは、もはや死んでしまったら腹をくくり「自分を導いて下さった守護指導霊の皆様、自分の無知のまま人生を過ごしました。人生の反省の為の行くべき道、場所をお示しください」と心に念じることです。自然にあなたの道は示されるでしょう。心に念じ呼びかけることで、必ず死者にも届くはずです。

この様にして行くべき道が示され、目的を持った修行の旅に出られるのです。

●三途の川の存在は

問▼三途の川は存在しているのでしょうか？

答▽一時期、ＮＨＫで放映された臨死体験に関する番組が話題を呼びました。

ほとんどの体験者がものすごいスピードでトンネル状の中を飛び抜けて行った感覚を持っており、その後は「川のほとりに出た所で向こう岸から『帰れ！　まだ早い！』と言われ引き返したところ目覚めた」とか、あるいは「川を渡るのが何となくいやで引き返したら目覚めた」というケースが多かったようです。臨死体験でも半数以上が川を意識している点は、大変興味深いところです。

日本人なら三途の川は聞いて知ってる人が多く、暗示により見たと言われる場合も有るでしょうが、仏教と関係の無い外国人には、どのような記述があるのでしょうか。この三途の川をが「レテのギリシャ神話」に出てくる話と似ているという証言もあります。

ある男性の末期患者は、妻が川岸に立って自分を待っているのを見た。ギリシャ神話のこの世とあの世の境を流れる忘却の川の様である。

（たま出版刊「臨床分析・人間が死ぬとき」より）

とすれば、ギリシャ神話にも我々の言う三途の川があり「忘却の川」と名付けられている事がわかります。そしてこの患者も現実に見たと証言しています。

霊的体験　十四「三途の川」

私の父が死んだ後、最初は自分の行くべき場所がわからず、お墓と仏壇を行き来し、私の呼びかけで死後の自覚と現世での一生の反省を、岩屋の洞窟で実施しました。また霊界での移動が出来ることも認識しました。その結果、現世の執着を離れると、人間の姿を取る必要もなくなり、霊その物の姿である丸いエネルギー体となってしまいました。

少しずつ魂の向上に努力していましたが、その後の霊視の結果「三途の川で溺れた人をすくい上げている事」が解りました。「その仕事は命令でやっているのか」との質問に、自分の意思で選んだ仕事のようでした。三途の川を越えられない人も多く、途中で力尽きて溺れている死者も多いようです。

心に沢山の気掛かりや悪事など、真理からはずれた分だけ、心は低いエネルギーの波動を蓄積し、魂が重たい状態となり、川を渡り切るには重すぎて力尽きるようです。父の仕事はこのような人々を舟で助ける役割のようでした。

反対に自己のエゴに片寄らず、他人に対する思いやりや人間の人生に対する目的や使命に目覚め、それを実行された素晴しい魂は三途の川などひとっ飛びであの世に渡れているようです。

これは作家の故・水上勉氏の臨死体験です。北京で天安門事件に遭遇した氏は、帰国直後に心筋梗塞の発作で倒れました。心臓の三分の二が壊死状態になり、医者からもほとんど絶望と言われ、奥さんが郷里の親戚を呼び寄せ、葬儀の準備まで始めたところで意識を取り戻されました。氏は昏睡状態にあった三日間、不思議な光景を見ました。それは、いきなり三途の川のような岸辺に立つことから始まりました。

とにかく目の前に真っ黒に近い深い川が流れていた。昼だか夜だかはっきりしないが、水面には所々光が当たっていた。後ろから三十年近くも先に死んだはずの父に似た声がして『そこからは冥土だから気をつけろ』と忠告されている気がしたとたん、足下を流れる水に気がついた。

（文芸春秋刊「心筋梗塞の前後」より）

体験者は三途の川はあると確信し、死後世界を信じない人々は脳細胞の異常により幻を見たのであろうと考えるに違いありません。

死者の書による審判とは

「エジプトの死者の書」（たま出版刊）によると「死後の世界の掟として、どうしても通らなければならない審判」があると記されています。そこでは審判を主宰するトトの神の手下メスケネットによる審判が次のように行われます。

私の心臓は私の胸からポロリと転げ落ちて、メスケネットが持っている皿の上に乗ったのである。メスケネットは皿に乗せた心臓を持って、マアトトの部屋に入って行った。奥の部屋は実は裁き、審判の部屋であり、私の心臓はそこで秤にかけられるのだった。小さい覗窓から覗くと天秤のはかりがあり、一方の皿に私の心臓、もう一方の皿には、霊界の象徴「マアトトの羽毛」を乗せていた。

心臓は生きていた時の良心の象徴なのだ。羽毛の重さよりも重い罪を生前に行なった者の心臓の場合は天秤が一方にかしぐ。

天秤で計るのは豹頭の神、死者を霊界に導く使いの役のアヌビスなのだった。そして天秤の目盛を読むのは運命の神だ。そして罪重き心臓、という目盛になればその霊の運命は即座に断たれる。これが正義と真理の掟、マアトトの羽毛の裁きなのだ。

（……中略……）

審判で死を宣告され、心臓を返してもらえなかった者は、まっさかさまにオシリスの雲からはるか下方の湖中に突き落とされて行ったのがあった。彼等は湖水の下のツアト「死者の国」凶霊の国に住むことになったものなのだ（著者注：閻魔大王の裁きに似ているが、ここでも水が出てくる）。

なんと厳しい裁きでしょうか。現在でも心の象徴は心臓です。

心（霊魂）は精妙なエネルギー体であり、悪い負荷を帯びると波動は低く、鈍く重たく蓄積されているはずです。心臓は生きていた時の良心の象徴なのでしょう。つまり人間自身が自分で作り出しているのです。当然、裁きは自分が自分を裁いている事なのです。湖水の下や三途の川の下は、地獄の世界のようです。なんと仏教で言われるところの三途の川の原理に、似ていることでしょうか。私自身は霊視や臨死体験はありませんが、これ等の事象から存在していると確信しています。

死後の世界を信用せず、自己のエゴのままに生活をしたら、このような当然の裁きが待っていることを忘れてはいけません（因果応報）。現世の見せかけの地位や名誉、財産で判断は出来ないのです。人を騙してでも優雅な生活が出来たとしても、たとえこの世で裁きがなくても、あの世に行ってもちゃんとそれ相応の裁きが準備されているのです。いつかは自分の生き方を思い知らされる日は来るのです。

まさに神は平等ではありませんか。いや神が裁くのではなく「自分が犯した罪や罪悪が、不調和な波動を作り、その波動の振動数に応じてそれぞれの世界に自動的に行く」のです。自分の行った思いや行動が、そのまま結果を出すだけの事です。まさに自業自得です。これが宇宙の真理であり、原因と結果（因果律）の法則です。

●事故多発地帯の理由

問▼自殺の名所があったり、同じ場所で事故が多発したりするのは、どのような原因によるものでしょうか?

答▽人間は死ぬと無になる。この概念がどうしても支配しているせいでしょう。一般的な知識人、無神論者は「あの世が有るなら見せてくれ」との言葉が切り札のようですが、この自然界において見えないもの（電波、紫外線、赤外線、音等）、証明は出来ても見えない物、解明出来ないこと等、遥かに解らない事の方が多いのに気付いていないようです。仏教で表現するところの色即是空、空即是色。科学的に証明出来ないと言っても、大宇宙から見たら幼稚園にも満たない科学力を物差しにしているのですから、笑うに笑えません。

こんな心もとない科学力で教育を受けた人間は、当然死後の世界など信じられません。人間が死亡したら無になるとの思い込みのために、実際は死亡しているのに、死後の世界で気がついて見ると、実感として苦しみや痛みもあり、自分の姿までも見えてしまいます。病気や生活苦から逃れようとした自殺者は苦しみから逃れたはずなのに、未だ苦痛があれば「俺はまだ死んでないな、自殺に失敗したのか」と再び自殺を繰り返すのです。死んでも実感が湧かない、無になってしまうとの一般常識が強いため、このような行動を起こさせるのです。何回やっても当然魂は死なないので、他人を巻添えにしてでも自殺して目的を達成しようとするのです。

地縛霊や自殺者には、本人が死に対する自覚が芽生え、前進しようとする意思が起こるまで移動の自由がありません（霊界での特徴）。彼等はいつも同じ場所に拘束されている為に、不吉な場所となってしまうのです。このような場所に人生を悲観したり、前途に絶望したりした人間が通りかかると、同じ様な心の波動ですから引き寄せられるのです。ちょうどドミソの音がきれいに調和（ハモル）するのと同じ原理で、良くも悪くもお互いに引き合い混ざりあうのです。

ここで偶然、汽車に轢かれた多くの人達の地縛霊と遭遇したという、姫路市若葉町の川上照彦氏の話に耳を傾けてみましょう。

私が川向かいの村に行って、夜の十二時頃の事でした。鉄道に沿った橋を渡って帰ってくると、橋の向こうから十名程の人影がやって来ます。その連中の格好がどうも変です。

遠方から汽車の音が聞こえてくると、足をブルブル震わせて、まさに線路に飛び込みそうな格好をしています。私はテッキリ自殺者だと思って走りよりました。ところが何とそれは人間ではなく亡霊なんです。

その時、私は妙にゾッとした気持ちになって、私自身も線路に飛び込みたくて仕方がないような衝動にかられました。

これは精神感応ですね。あれでは霊的体質者がそこを通ったら、多分引き込まれてしまうでしょう。私がやっとそれに堪えていると、亡霊達は汽車が来ると線路に飛び込み、ギヤッというような妙な叫び声を上げました。そうすると手や足や胴体などの千切れたのが飛んで川の中に落ちるのでした。

それから私は妙に気が落ち着いてきて、もっと見学したい気になって、次の汽車が来るまで待っていました。すると例の亡霊達が出てくる。その中から「また死ねなかった……」等と言う声が聞こえるのです。

自分が死んでいるのを知らないのですね。私は面白くなったので、夜明け近くまで見ていたのですが、汽車が来る度毎に同じ事を繰り返しているのです。

（日本心霊科学協会刊「死後の真相」より）

このような場所は他人に影響を与えかねないので、死者の親族は早く成仏出来るよう、悲しみすぎずに冷静となり、死者に死亡の事実と魂の永遠性を語りかけて、自分の犯した罪と人生の反省をするよう辛抱強く諭すことが、一番重要な事です。死後の世界の存在を信じない人達の不幸の典型と言えます。

自殺のみにかかわらず死者や悪霊等、霊魂のカウンセリングや方法論に関しては、分かる言葉で諭すことや、大橋正雄著「悟霊の法」（たま出版刊）の一読をお勧めいたします。

どのような死に方であれ、残された人が故人に対して、あまりにも執着を持ちすぎたらいけません。死人も現世に心が残り、同様に執着を持ちます。なかなか死の事実さえも受け入れず、家や親族に憑依したり、この世に未練が残り、かえって成仏出来ません。

いずれ人間は誰でも死を迎える訳ですから、冷たいようですが、親族も当人も死は早く受け入れて、霊界での成長を祈るのが最良の供養といえます。

●神仏による救済はあるのか

問▼神は全知全能と言われていますが、日本に於けるキリシタン弾圧や、世界的な宗教戦争でも、無益な血が流されています。どうして神はこのような事態を見過ごし、救済してくれないのでしょうか?

答▽私利私欲を捨て慈愛に満ちた生活をされている一般の市民が多くいます。このような人々には守護霊や指導霊等からの導きが、ヒラメキやテレパシーの如く心に伝わって、救済と呼べるような事柄は存在します。

しかし、一般的にどのような理由をつけても、人間の考えはどうしても我欲に傾きがちです。神はどちらか一方に荷担はしません。どんなに心を痛めても直接神が手を下すことは無いと私は思います。なぜなら人間には必要な物は全て与えてあります。人間の魂の向上の為の修行の場であるこの惑星の中で「どのように人間が自分を律し、冒険し工夫し、助けあいの中に魂を磨くか」これが人間の使命であります。自分の思うままに行動できる自由、あるいは自己規制、これが人間を鍛えるのです。

当然その行動に対する結果には責任があります。「かわいい子には旅をさせよ」の諺のごとく、自分で考え行動する事が重要なはずであります。愚かな人間さえも、このことわりを知っているのですから、神は手出しや干渉はしないはずなのです。昔は戦の前に戦勝祈願をしたようですが、開いた口が塞がりません。

良いも悪いも全て人間に任せてある事こそ神の心ではないでしょうか。神の干渉がなく、思念と行動の自由が与えられているから、己に善悪の判断が求められているのです。日常の生活の中で、どう対処するかが問われる事となります。この事が魂の鍛練になるのですから、良きにつけ悪しきにつけ、自分で蒔いた種は自分で刈り取る義務があるのです。

クリスチャンや仏教徒だからといって、何をなしても救われる道理はひとかけらも無いのです。ましてや、南無阿彌陀仏と唱えれば救われる道理が有るはずがありません。そして、わが宗教が正しいとか、宗派や国家の勢力争いでの戦いなど、宗教の名の元に行われる裏には、人間のエゴや執着があります。このようなものに神仏の救済など有り得ません。

人間はこの不透明な状況の中で、いかに真理を求め、エゴでない魂の向上に努力し、他人の為に何をなしたかが問われるのです。全てが人間の自由意思にまかされています。人間の苦しみや悲しみ、争い事は、全ての物や地位、欲望に対する執着心に原因があるように思われます。

しかし、争い事は全て人間のエゴや欲望から起こることでありますから、神の救済などあるはずがありません。日本に於けるキリシタン弾圧の元になった踏絵で、改宗をせず惨殺された人たちの場合でも、奇跡が起きて助かった話は聞いていません。これではキリストを信じた人々が哀れに思われますが、長生きが幸福であるとは限りません。哀れに我々が感じても、如何なる弾圧でも信仰を貫いた人々は誇りと自信に満ちてあの世に旅立ったことでしょう。人生の意味と価値観が違っているのです。

死が全てを無にするとの考えはなく、如何に生を全うしたか理解出来ていたと思われます。死に対する直接の救済は無くても、あの世での魂の救済としての次元に移行出来たで有りましょう。

●お祓いの意味と効果は

問▼新築や工事の起工式等で神官による清めの儀式がありますが、どのような意味合いがあるのでしょうか?

答▽土地や建物、絵画や置物等は、それぞれの所有者の財産欲や愛着心が染み込んでいます。そのほか戦場の跡やお墓の跡も同様に、死者の無念の情感やこの世への未練が地縛霊となって住み着いています。事前に判っているならば、このような土地には出来るだけ住まないほうが無難でしょう。

大変失礼ながら普通の神官さんが儀礼的に清めの儀式をしても、お祓いは出来ないと思います。別項で述べたように、助けを求めて藁にもすがりたい気持や、異常な執着心に囚われた霊は簡単には移動も出来ない為、易々とその場を放棄する事がないからです。又、自分はこの世に生きているつもりであったり、現在の魂が在る次元の世界以外は、存在する事すら考えられない霊もいるのです。儀式そのものは間違いではないですが、霊視が利いて霊との対話が出来るような霊能者でなければ不可能でしょう。その場所に執着している理由を聞けば割と簡単に対処の仕方が有るからです。

本物の霊能者のあてがないならば、いたしかたありません。現在住まっている場所や家に、いかなる因縁があるか不明の場合は、気休めかもしれませんが次のように念じるほかはありません。

「本日より縁あって私達がこの場所（又は家）において、人生の修行のための住まいとなりました。いささかもこの領域を犯す心はありません。どうかここに以前縁があった方がありましたら、以前の皆さんと同様に、これより私たちが人生の活動拠点として生活を致します。皆さんは霊界における自分自身の修行があると思います。少しでも早く、生きていた時の反省をし、霊界の上位界層に到達するよう努力してください。お互いに魂の向上のために頑張りましょう」

このように念じていらぬ詮索をせず、堂々と生活をしましょう。明るく楽しい家庭であれば「ああ、羨ましいな、どうして俺はこんなに厳しい環境にいるのだろうか、あんなに楽しい環境に行きたいものだ」と、今の自分を自問するチャンスにもなります。

地縛霊も現状への疑問が出てくれれば、前進への第一歩になるのです。厳密な意味でのお話とすればこのようなものですが、恒例化した儀式を敢えて拒否することもありません。また、どのような場所でも、地縛霊や悪霊が存在する訳でもありません。

霊体験　十五「地縛霊」

二十二年程前に現在の住まいに転居した時、私はお祓いに代えて次のように念じました。

「本日から縁あってこの場所は私たちの住まいとなるのであしからず、いつまでも死してこの世に止まってはいけません。この世に未練を持たず、霊界でのしかるべき修行のため、ここを速やかに立ちのきなさい」

私も霊界が解り初めていたので、当然の道理をストレートに言ってしまったのです。しかし、もし悪霊が居たとしたら納得する訳が有りません。優しく諭すように言うべきであったのですが、霊や霊界の物事が解り始めた頃で、私も少々傲慢になっていたのでしょう。この場所は地名に塚がついているのです。○塚と言いますが、現在は塚らしき物もなく川からは最低二キロは離れているのです（しかし、近くには○塚古墳が存在していました）。

普段は二階に寝ていたのですが、何時の頃からか金縛りが続いたり、幼児が突然何かに怯えたように激しく泣き始めたりしました。また、ある夜から階段を何者かが上がってきて、私の足をムンズとつかむ日々が続いたのです。

私も初めての体験で恐怖と怒りで「何者だこの野郎」と足で蹴飛ばして離していました。また夢うつつの状態で相手の顔や実体は解らないのですが、何者かが私を襲ってくるので、夢中で立ち向かい戦っていました。あたかも忍者同士の決闘のように、実にめまぐるしく激しい戦いです。この時の私の心は、何故か異常に怒り狂っているのです。

これは何か有るなと思い、田中さんにおいでいただき家を霊視してもらいました。色々な霊視の後、この相手はお坊さんであるらしく訳を聞いてもらいました。

その結果、いつの時代か、近くの堤防が貧弱なせいか時々決壊するので、人柱を立てて堤防を新しくしたか補強したようです。このお坊さんはその際の立会兼供養者ではなかったかと推察されます。その人柱が若い女性で、どうやらこのお坊さんが同情もあり恋したようです。それ以来この地に地縛霊となって居ついたのです。無論、自分の住まいの領域と思っていたのに「これからは私の家です、早々に立ち退きなさい」などと言われたせいもあり激怒したのでしょう。

田中さんによると、お坊さん曰く「こいつには強い奴が付いていて、どうしてもやっつける事が出来なかった」と言ったようです。これは守護霊のおかげなのでしょう。当然、皆さんにも一人一人守護指導霊の方がいらっしゃいます。

この後、私も若気の至りですが、自縛霊のお坊さんに偉そうな説教をたれたのでした。「あなたはお坊さんの身でありながら、可愛そうな娘さんではあるものの、未だに忘れられずにいるのは坊主としての修行がたりないですね、人の生き死に対して、人生のなんたるかを教え指導するのが役目のお坊さんにあるまじき事、何時までも人間界に留まり干渉するとは何事ですか。人間の死に於いて、引導を渡し成仏出来るよう導くのがお坊さんの役割ではありませんか」

しかしこの後、表現が強すぎたと反省して、心を落ちつかせながら優しく諭すように、何日も呼びかけて理解してもらいました。私達でも道理が通っている忠告や教訓であっても、威圧的であったら素直に聞けるわけがありませんね。

相手の立場を理解して「人間の在り方、霊界の成り立ち、何故自縛霊となっているか、今後の考え方と在り方」を辛抱強く対話していく事が、理想的な除霊方法であります。

お祓いも同様で、それなりの霊格の高い神官さんや霊能者でなくては、お祓いも効き目がありません。自縛霊には自縛霊なりの、それ相応の理由が在るものです。単なる儀式や生半可の知識や興味で、霊的なものに対処しても効果もなく、自分を危うくするばかりであります。我が屋に居た、自縛霊のお話しでした。

このような人柱の話は、映画やテレビでの話のようですが、宮崎日日新聞の神話と伝承によると、宮崎県西都市にある「稚児殿が池」の説話が残されています。


生長元（一四二八）年頃、穂北城を預かる壱岐義道という武将が、鶴ノ池に築堤して大きな溜池を作った。しかし豪雨の為に堤が崩壊し、村は大損害を受けた。評議の結果「池の底に住む竜の悪霊を鎮める為には人柱を立てなければならぬ」という意見が出た。


村人が協議している時に、近くに住む法元家の長千代丸という少年が通りかかり、人々に「人柱には明朝早く麻黄の衣服を着て、ここを通る者を選ぶとよい」と告げた。そして翌朝同様の服で通りがかったのは長千代丸であった。この時十四才で、村の窮状を見て自分が人柱となって村人を救おうとの決心であったと思われる。

「梅の花の散るを惜しむな、鶯の経は実となる南無や法華経」と辞世を詠んで、堤の端に正座し切腹して死んだ。その遺骸は池の底八尺の所に埋葬された。以後この堤は壊れることなく付近一帯の水田を潤している。現在は敬愛を込めて稚児殿が池と呼ばれて、残っている。

同様に寛文二年（一六六二）の日向大地震の発生で、宮崎県南部の飫肥藩において田畑八千五百石分が海に沈み、家屋の倒壊千二百十三戸、流失家屋二百四十六戸、死者十五人の被害をこうむった。藩主伊東祐実は農地を得る為に、外浦港の入り江を埋めて堤防を築く方策をとった。しかし、地盤が軟弱で波が荒く、幾度も破壊されて築堤工事は困難を極めた。堅固な堤防にする為関係者が話し合い、古来の風習に従って人柱を立てることに決まった。ある庄屋の提案で「縦じまの模様に横じまの布で繕った着物を身につけた娘にしてはどうじゃ」と提案。庄屋が帰宅するとまな娘のお塩の姿こそ正にその通りであった。

庄屋は泣く泣く娘を人柱に立てた。一説によれば、人々の危急を救う為に、庄屋の責任からまな娘を人柱に立てたとも伝える。現在塩屋権現として命日十一月二十日に、けなげな霊を慰め感謝するお祭りが行われている。

この史実にあるように、人柱はさかんに実行されました。崇高な自己犠牲のお手本となるお話でありますが、われわれ凡人には真似出来ません。

自己犠牲の高貴な霊は自縛霊になろうはずはありませんが、一般的に、霊に対しては興味本位で接したり、逆に恐れすぎたりせずに、毅然とした態度も必要な場合もあります。

「さわらぬ神（悪霊）に祟なし」心得ておきましょう。

霊体験　十六「花との対話」

私は常日頃から命ある動植物について、生きんとする力を見る時に、植物でありながらも心と称する何かが存在し、我々人間との会話は不可能でも、意思は伝わるのではないかと思っていました。

我々は人間の都合により勝手な事を自然に対しても行っています。その中の典型が盆栽です。植物の本性とは関係の無い所で、勝手に枝の剪定や形を作ってしまいます。このような事を植物は何と思っているのか気になっていました。

「人間に勝手に切り刻まれたり無理に枝を曲げられたり、盆栽からすれば大変迷惑なんでしょうね」

ある時、この事を田中さんに伺ったところ、意外な答えが返ってきました。

「確かに植物の本性とは違います。しかし、人間のなにかの役に立つことで喜んでくれるなら、それはそれでいいんです」

この様に、植物でさえ何かの役に立つことを望んでいるのなら、人間はそれ以上に自分自身の事以外になにを成すべきか、多いに考えさせられる問題提示でもありました。

そんなある日、シクラメンの花に水をあげている時、昔ラジオで聞いた「乳牛に音楽を聞かせてあげると乳の出がよい」という話を思い出し、思わずつぶやきました。

「ということは、きっとシクラメンにだって音楽を聞かせてあげるといいんだろうなあ」

それから幾日か過ぎ、ひょっこり田中さんが訪ねてみえた時、私の顔を見るなり言いました。

「シクラメンが『音楽を聞くことは花にとっても大変良い事だ』と言ってますよ」

私は唖然として（植物との対話も出来るんだなあ）と感心したものでした。

植物にも感情があり、意思を持っているように思えます。その証拠に、ひまわりは太陽に向かって動き、朝顔の蔓は枝に向かって伸び、植物は養分や水を求めて根を地下に張ります。明らかに成長するのに最適の環境を選んでいます。「それは意思ではなく本能ですよ」と言われそうですが、それではその本能は誰がどのようにして作ったのでしょうか。進化論で言うならば突然変異や環境等への適応力で変化すると言われていますね。生き抜くために適応力で変化するとしたら、そこには意思力が働いているのではないでしょうか。

植物も人間に劣らぬ意識を持っているとしか言いようがありません。感情があっても不思議ではありません。

動物、鉱物、植物すべてが、ある種のエネルギー（振動）を持っています。魂も清妙なエネルギー振動体であります。振動その物である良い音楽は、全てにとって共通事項を持っている為に、良い影響を与えて当然であります。自然界の全ては、やはり心で繋がっている事を、思い出させてくれる事件でした。

一方、動物の世界でも心を打つ話があります。宮崎県に幸島（こうしま）という周囲三・五キロメートルで陸地より三百メートル離れた小島があります。芋を洗う猿として世界中の動物学者の注目を集めました。この猿社会の話です。

昭和四十五年夏、猿社会の一番ボス「カミナリ」は、寄る年波に勝てず目が見えなくなっていました。人間の年齢では百才近い老人です。長年、猿の生態研究に明け暮れていた三戸サツエ氏は、手探りの状態で観察場の海岸に表れた名誉ボスを通じて、その後継者争いの行方に注目しました。

ある日カミナリがいつもの姿を見せなくなってしまいました。この間、台風接近の中、研究者たちの捜索にもかかわらず行方不明でした。台風明けの海岸に表われて、餌づけの一番良い場所で悠々と餌を食べだしたのは二番ボスのセムシでした。

カミナリは行方不明から十五日目、不自由な目で台風をしのぎ、やせ細った姿で餌場に表われたのです。水とビスケットを少量与え、夜は森に帰る群れとは別に小屋に隔離しました。翌日餌場に下りたカミナリに、好物のピーナッツをまいてやると、カミナリは手探りの状態でピーナッツを拾い口にしました。ところが前日までの何日か、一番ボスとして餌を勝手に食べていた二番ボスのセムシは、離れた所で見ているだけで、手出しをしなかったのです。

ある日、三戸氏が、カミナリの前に猿たちの大好物のピーナッツをひと固まりを置いた所、何匹もの猿がもの欲しそうによって来ました。猿社会ではボスが満足して去るまでは、餌には手を出さないのがルールです。

その時、若い雌猿が飛び出して来て、ピーナッツを盗んでしまいました。すると、どこから見ていたのか、二番ボスのセムシが猛然と走り出して、この雌猿を押さえつけました。ルールを教える為に懲らしめているのです。

その後、三戸氏が盲目状態のカミナリをふびんに思い、カミナリに近ずいて目薬をつけようとした時の事です。ギヤーという叫び声と共に、ノギという雌猿が三戸氏の頭に飛び乗りました。その声を聞いた群れが駆けつけて取り巻き、二番ボスのセムシを先頭に歯を向いて威嚇しました。

三戸氏の行為を危険と感じて、老ボスを守ろうとしたのです。こうしてカミナリは仲間達から守られ、娘ザル達からはグルーミングされ余生を送りました。台風後の発見から約一ケ月後、仲間の群れについて行こうとして落ちたのか、波打ち際で死んでいるカミナリが発見されました。

たとえ老いぼれても、生きている限りは、ボスとしての座は与えられて居たのでした。動物社会では異例のことではないでしょうか。また、死んだわが子を五十九日間、ミイラになり体半分が千切れても、頭を上に砲き続けた母猿もいたようです。

（三戸サツエ著「わたしの子供は百匹のサル」より）

地球上で人間が一番賢いどころが、正反対の愚かで一番悪賢いと言う所が当たりのようです。このように植物や動物全ても、我々の師であります。

●神仏は不公平か

問▼生きとし生けるもの全てに関し、神仏は平等であるはずです。しかし、人間、動物に限らず不公平のように感じることがあるのですが？

答▼確かに表面上そのように見えることが多々有ります。兄弟でも頭の善し悪しがあり、どんなに努力しても報われない人、動物でも常にライオン等の餌となる小動物、やはり不公平に見えますすね。人間について述べてみましょう。

この現世にかぎらずあの世も含め、全て魂にとって向上のための修練の場だと思います。なぜ魂は向上しなければならないのか、私にも解りません。そのような性質（資質）であり、神の計らいでもあると思っています。しかし神に命令されてはいないと思います。磁石のようにプラスとマイナスが反発する物質もあれば、別々の性質の者が中和するものも有ります。なぜかとの問には「その様な性質の物質である」としか言いようがありません。「魂が内より向上を欲する資質を持っている」のではないでしょうか。魂にとって向上する事は喜びで有るとしか考えられません。このような資質だから、向上する為の経験が必要と感じ、幾度となく自分の意思で転生を繰り返しているようです。

転生の際は「自分が現在最も修正が必要と思われる最良の環境」を選んでいるようです。つまり「この世での目的と手段、環境は自分で決めて来た」と私は確信しています。輪廻転生については、現在執筆中で次作で検証したいと思っています。

日本の同時代に生活をしていても、例えば十回目の人生の人と、五回目の人とは経験が違います。さまざまな体験の人々が同時に生活する中で、色々の経験が出来るのです。たとえ転生回数が同じでも、前回の人生で自分の目的の七十パーセント達成をした魂と、五十パーセントの魂とは、今生での目的使命が異なるので、同じ条件や環境に生まれるはずがありません。資質も当然違っています。

神の不平等ではなく「転生の回数や魂の次元の違い、この世での目的の違い、これまでの人生における到達度」が現世に表われていると思います。何不自由ない環境に生まれた人、生活のために勉強や趣味等とても出来ない人、それぞれ異なりますが、その環境は魂の不十分な点の修正に一番必要な環境であると思えば理解出来ると思います。

各人の魂の次元が異なっているので、この世での「修行の目的と使命、環境」が違って当り前のはずであります。この世や前世で罰当たりな事をした報復で、現在は貧しい惨めな環境に生まれたのではないはずです。あの世で今まで生きてきた人生の善悪の修正をしない限り、再度この世には転生出来ません。この修正の結果、自分で現在の厳しい環境をあえて選んだと言えるからです。

反対に裕福だからといって、前世で素晴しい人生を送った人とは限りません。裕福で頭も良い、といった環境も同様にこの世の修行が難しい環境と言えるでしょう。何故なら裕福なるが故に、金銭の有難味に気付かなかったり、贅沢出来る事に優越感を持ったりします。また頭が良い人は、悪いのは努力しないせいだとか、つい見下す態度を取りやすい危険にさらされます。裕福な人は毎日を面白おかしく過ごしてしまい、この人生で何故この環境を選んだか、考えも及ばない人生を過ごす事になるのです。裕福や知能の高さなるがゆえに、悟りへの道が遠い場合が多いのです。

昔、ある金持ちの未亡人が居た。親切でしとやかで、謙遜であった為、まことに評判の良い人であった。ある時、そこの使用人がこう考えた。

「うちの主人は誠に評判の良い人であるが、腹からそういう人なのか、または良い環境がそうさせているのか一つ試してみよう」

そこで使用人は次の日なかなか起きず、昼頃ようやく顔をみせた。

主人は機嫌を悪くして「なぜこんなに遅いのか」ととがめた。

「一日や二日遅くても、そうぷりぷり怒るものではありません」と使用人が言葉を返すと、主人は怒った。次の日も遅く起きたので主人は怒り棒で打った。

（仏教伝道協会訳「鋸喩経」より）

この喩話の如く、環境が全て心にかなっている時、親切で謙遜で、静かである事も出来る。しかし、環境が心に逆らってきてもなお、その様にして居られるかが問題なのです。衣食住が容易に得られない状態の時、なお静かな心と善い行いとを持ち続ける事が出来るでしょうか。一般的に環境に恵まれている程、悟りへの道は難しいと書かれています。このことから「前世の行いが良かったから現世では裕福な家庭に生を受けた」とは決して言えないのであります。

現在の人生での、出生や生活の環境の違いは神の不平等ではなく、神が我々に平等に与えてくれたチャンスであり「自由に考え行動出来る中で、あなたが、あるいは私が自由に考えたり行動した結果」が、そのまま表われているに過ぎないのです。出生した時の環境は現世での修行に最適であると決めて「あなたが選んだ」のであり、現在の環境は「出生からその後の本人が生きてきた結果」が現われているのです。神仏が運命や現在の個人差を決定したのではなく、我々各人が選択し、考え行動した結果が表われているに過ぎないのです。

この様に、家庭が裕福である事や頭脳明晰である事が、人生の修行の目的である魂の修練に取っては、最良の環境であるとは言い難いのです。各人の貧富や色々の格差は神仏の不平等ではないと考えます。

●なぜ神仏は貧富の差を作ったか

問▼なぜ神仏は、ある者には富と力を、ある者には貧困を与えられましたか？

答▽　それぞれの道で試練を受けるため。しかもご承知の通り、この試練を選んだのは霊自身である。その霊が負けてしまう事がよくあるのだが。

どちらも同じように危険なもの。貧困は神の摂理を恨みかこつ。金持ちは万事に分をこえてしまう、人生は自分で選んだ試練である。

神はあらゆる霊魂を等しく、単純無知、即ち知識のない状態で創造された。神はその一人一人に使命を与えられた。それは彼等を啓発させるため、また真理を学びつつ漸次完成へと到達させるため、最後は神のみもとに近付けるためにである。この完成こそ霊魂にとり、永遠に完成の幸福の状況である。

霊魂は神によって課せられる試練を通過して知識を獲得する。この試練を素直に受け取る霊は、速やかに最後の目的を達成する。

（アラン・カーデック編「霊の書」潮文社刊）

●障害者の前世は

問▼障害者に生まれたり不幸な人生を送る人は、前世において人間としての倫理に外れた人生を送ったせいでしょうか？

答▽新宗教等や一般の迷信で良く言われる事柄です。確かに悪い事をしたら、それ相応の結果があの世でもこの世でも待っている事には間違いありません。また倫理に劣る事をしたらいけない、という教育には効果的かもしれませんが、前問で述べたように、輪廻転生では意味合いが微妙に異なると思います。

諸々の間違いをこの世で我々は犯します。その結果として、間違いの度合に応じた結果が現われ、其れに気付いて我々は修正をしなければなりません。私は「この修正をこの世とあの世で終えなければ、再びこの世には転生出来ない」という考えを取っています。完全に自分の過ちの修正を終えた時、それでもまだ自分の不完全さに気付き、次の世での目的と使命が何であるか、何が一番必要であるかを悟るのです。

現状からのワンランクアップする為にはなにが必要か、其れを元にこの世の目的に沿った環境（国籍、人種）と肉体（男女や肉体の欠陥）を選ぶはずです。肉体の欠陥等は母親の妊娠中の不注意による薬害や事故による場合も勿論有るようです。

例えば環境に恵まれ過ぎて、人生の目的と使命に気付くことが出来なかった。次回は貧しく厳しい環境であっても、ひがむ事なく強くたくましく、みんなで協力しながら立派な人生を生きよう。あるいは、前の体験を生かし、人々の先頭に立ち、決しておごることなく、人々を導く人生を体験しょう。等々それぞれの覚悟と決意をもって転生するでしょう。悪を行った結果神の罰としてのみの障害ではないと、私は確信して言えます。

霊能者（田中さん）の霊的体験

田中さんの勤務先のお子さんが身体障害者で、たまたま臨終に立ち合われたそうです。その際の様子を次のように話して下さいました。

「死体の周囲には美しい光がさし、天女のような美しい人々が、天上界から魂の迎えに舞い降り、とても美しい光景だった」

前記の質問のように、前世の罰として転生したのであれば、この魂はそれ相応の償いをしなければなりません。しかし身障者ではどれ程の償いが出来たのでしょうか。とてもとても償いどころか、父母にどれ程の心労や迷惑をかけたかわかりません。償いの行動や意思表示も出来ない肉体的環境で、さらに行動の自由も奪われているのでは、まさに神は無慈悲です。

障害は別な意味において、霊的には重要な意味合いのある事ですが、天使のお迎えがあったことを考えれば、とても罰の結果ではないように思います。前世での誤りが有ったとしたら、当然それ相応の修正が必要であります。霊界における修正が終わらない限り、転生は出来ないと私は考えます。あの世か、この世でのカルマの修正が出来ないとすれば、人生の意味はなくなります。

因果律は当然あります。しかし結果が出る前に修正すれば、結果も違ったものになるはずです。あの世で前世の修正をしてこの世に転生できたのです。本人にとっては、忍耐と絶望の中に何を感じ、何をなし得るかの経験であります。一方障害者の両親に対しては、無私の愛での奉仕体験の絶好の舞台の提供者ともなっています。絶妙な相互の因果関係が構築されているではありませんか。

凡人の我々には、前記のようにとてもお迎えが来て貰えそうには有りません。この光景からも、身障者は前世での罰ではない事が理解出来ると思います。

●障害者のこの世の使命とは

問▼何も出来ない身障者の、この世における目的と使命とは？

答▽それでは、自分自身の事も自由に出来ない身体を持って誕生した、この魂の目的と使命は一体なんでしょうか。

それ程厳しい環境を選んだ訳ではなくても、母親の妊娠期における風邪薬等による副作用の結果、障害を背負ってしまった可能性も考えられます。また妊娠期から盛んに発達する、細胞分裂の異常による障害も考えられます。また、本人が最も厳しい人生の経験のために選んだ場合は、如何なる困難にも立ち向かう崇高な決意の人生体験が、目的と使命でありましょう。

一方、母親にとっても、前記のように自己の欲望や行動等の犠牲が必要とされます。我欲を捨てて全身全霊で、報いを求めない無私の愛を実行体験する。この事が、母親の人生の修行にとって、大変役立つ事にも繋がります。お互いに今生での親子の約束をして、この環境を覚悟の上で選んで来た可能生も有ります。この難局を生涯乗り切った時の素晴しい結果を夢に見ての、重大決意の結果として、誠に厳しい環境の選定かもしれません。また母親の不注意による障害であれば、本人にとっては予想以上の厳しい人生の修正であるでしょう。母親にとっても、自身の計画からすれば計画外の事態に対処する人生となります。事故が計画的に決まりきった方向で決定されているわけではないと思います。大筋では大変厳しい選択をしていた、と言うことには間違いないでしょう。一つ一つの事故までも計画されていたとも思われません。

人生においては、各人の考え、思想、行動の自由が与えられており、その結果が現在や、未来となって現象化されます。人生そのものの一瞬一秒が、変化していくのです。仏教ではこの事を無常（万物すべてが流動的で常に変化して一定に留まることはない）と説いています。神仏が決めた計画通りの決まりきった人生など有る訳もなく、計画通りでは人生の意味がありません。人生は魂の向上の為の経験の場であります。一旦生まれ出たら、何が起きても原因と結果の因果律は変わりません。原因と結果は人間が作るのです。しかし、修正のチャンスも同等に与えられています。

通常言われているカルマの法則、業とはニュアンスが異なります。私達は自分が選んだ試練として、乗り越える以外に道はありません。

●正しい基準とは何か

問▼時代によって物事の正しい基準が違うように思います。真理、正しい基準とはなんでしょうか？

答▽真理とは個人の我欲を離れ、時代や民族や男女に関係なく、正しく適合され、揺るぎのないものだと思います。次のような真理に基づくものが正しい基準ではないでしょうか。

　ある時代は仇打ちが当然でありましたが、現在は違法であります。戦争で相手を沢山殺せば英雄になり、今は如何なる理由があっても殺人は当然違法となります（例え国家が決定した戦争でも殺人は殺人です）。

　この様に時代や年数を経るにしたがって変化するものは、だれが考えても正しい価値観や基準ではありません。いつの時代でも通用する正しい基準は、真理と慈愛ではないでしょうか。間違いを正す為に子供や部下を注意する事は、怒っても怒りではなく愛情の心です。勿論、注意の際の言葉選び、態度の取り方に留意するのは当然です。また、やさしいだけが愛情ではないことも当然です。

　そして「時代、民族、国家、宗教に関係なく、我欲や独善、執着から離れ、普遍的に変化しない宇宙の真理に沿った基準、尺度」これが正しい基準と言えるでしょう。

高橋信次氏は「善意なる第三者の立場（真理の基準）で物事を判断する事」で、間違いを犯さず正しい基準の判断が出来ると話されております。

●過ちを正す方法

問▼明日をも知れぬ人生で、つい自分中心になりがちです。過ちを正す良い方法はどのようなものでしょうか？

答▽全く間違いのない人生を、と思えば窮屈でノイローゼになってしまいます。かといって、なあなあだけでもいけません。大変難しいものです。お釈迦様は、中道と言う基準を示されています。物事の考えや基準が両極端に片寄らないという基準ではないかと思います。お釈迦様の悟りへの第一歩は以下のようなものだったと記されています。

瞑想の修業の途中、東の空がしらんだ頃、シッタルダー（仏陀）は川辺に出ました。

その時、はるか川岸のかなたから、

弦の音は強すぎれば糸は切れ、弦の音は弱すぎては音色が悪い、
弦の音は中程に締めて音色が良い、弦に合わせて踊れよ踊れ
みんな揃って踊れよ踊れ

という美しい天女のような歌声が、朝霧を通してシッタルダーの心を打ち、響いて

くるのでした。

「なるほど、弦は強く締めても、弱く締めても確かに音色は悪くなる。糸が切れることもある。中程に締める………」

薄霧のなかで牛乳を絞りながら歌っていた、チユダリヤ・チユダータと呼ばれる村娘の歌だったのです。

（高橋信次著「人間・釈迦」より）

この事がきっかけで苦行をやめて、瞑想と反省の修行に切り替え、悟りへと導かれて行きました。この歌は「何事も極端は良くない、中道が良い」と諭しているようです。たとえ栄養価が高いからといって、その食品のみを食べていては良くありません。ビタミンが良いからと言ってビタミンのみ食すれば良い訳ではありません。色々の栄養素が必要であり、バランスが重要なことは言うまでもありません。極端ではなく万遍なく適切に摂取するのが最適であります。また、親切が良いからといっても、場所と程度をわきまえないと有難迷惑になってしまいます。

考え方も同様に、甘やかしは禁物と、子供の躾も厳しいだけでは聞いてはくれません。何事も片寄りすぎない中間の間合い、中道を説かれたのです。正しいという基準の中でも、中道が理想かもしれません。正しくをモットーに、がちがちに凝り固まっている事が、正しいという基準からはずれる事さえ有り得ます。

高橋信次氏の講話の中に、次のような話があります。

水の成分は水素と酸素が結合したものであります。この二つはそれぞれ個別には非常に可燃性の高い物質でありながら結合してしまうと、燃える物体を消してしまう水になります。相反する性質の物質となってしまいます。両極端の物が、水という安定した物質になる。これが中道の表われである。

私には中道の科学的証明のように思われます。

第四章　人生における心のあり方

悟りの道へ二十の成し難い事

さて、ここで問答集を終え、ここからは人生における心のあり方について述べてみましょう。

この世での人生は、魂の向上の為の舞台のようなものであります。悟りへの道について八正道にのっとった中道の生活が示されています。理屈は頭で理解しても実践となるとなかなか難しい物があります。四十二章経の中ではそのあたりをちゃんと認めており、わかっていても成し難い事が二十有ると述べています。

貧しくて、施すことは難く
慢心にして道を学ぶことは難く
命を捨てて道を求めることは難く
仏の在世に生を受けることは難く
仏の教えを聞くことは難く
色欲を耐え忍び、諸欲をはなれることは難く
良いものを見て求めないことは難く
権勢を持ちながら、勢いを持って人に臨まないことは難く

辱（はずかし）しめられて怒らないことは難く
事が起きても無心であることは難く
広く学び深く究める事は難く
初心の人を軽んじないことは難く
慢心を除くことは難く
良い友を得ることは難く
道を学んで悟りに入ることは難く
外界の環境に動かされないことは難く
相手の能力を知って、教えを説くことは難く
心をいつも平らかに保つことは難く
是非をあげつらわないことは難く
よい手段を学び知ることは難い。

道を修める者は、その一歩一歩を慎まなければならない。志がどんなに高くても、それは一歩一歩到達されなければならない。道は、その日その日の生活の中にあることを忘れてはならない。日常の毎日毎日が修行であり、一日一生といわれる所以でありましょう。

四つの尊い真理

苦諦（くたい）
集諦（じったい）
滅諦（めったい）
道諦（どうたい）

が明らかになった時、人は初めて、
欲から遠ざかり、世間と争わず、
殺さず、盗まず、よこしまな愛欲を犯さず
欺かず、そしらず、
へつらわず、ねたまず、いからず、
人生の無常を忘れず、道にはずれることがない。

（「一切漏経」仏教伝道協会訳）

すべては心

人々の憂い、悲しみ、苦しみ、もだえは、どうして起こるのでしょうか。それはすべて人の心に起因しています。財産、名誉、悦楽、自我に執着心があるからです。これ等の執着や欲得を叶えようと努力をする内は良いのですが、もともと足りることを忘れた欲望の心ですからきりが有りません。邪な執着心から出たものは簡単にかなうものでは有りません。この叶わない執着から苦しみ（恨み、ねたみ、そしり）や迷いが生じます。

この世のものは人間の肉体も含めて無常であります。永遠なものは心以外に何一つありません。このような無常なものから執着心を取った時に、開放と安らぎを得られるでしょう。心のコントロールが重要であります。人の心の変化には限りがなく、その働きにも限りがありません。邪な心からは邪な世界が出現し、清らかな心からは清らかな世界が表れます。この世界は心に導かれ、心に引きずられ、心に支配を受けています。迷いの世界でもある心を律することで、執着や恐れから離れる事が出来るで有りましょう。その方法は、これまで記した中で、数々の神仏の言葉を借りて述べてきました。心の有り方こそ全てであります。

人間の能力差について

人の顔が皆異なるように、性格や能力も全て異なっています。肉体的には遺伝子が異なっている為に当然のことです。性格や能力も前述のように、この世での修行の目的と使命が異なるので、違いがあって当然のはずです。

ＡさんがＢさんよりも全てが勝っている事もなく、全てが劣っている事もないはずであります。前記の事を充分に理解すれば、優越感も劣等感も湧いてこないはずです。貴方には貴方の目的と使命があり、私には私の目的と使命があります。全てが同じ道理はありません。能力差があってこそ当然で、それらが個性として重要な働きをするのです。計算力や記憶力が優れていると言っても、コンピュータには勝ち目がありません。しかし人間でなくては出来ない事も沢山あります。

頭が良いからといっても、全てがオールマイティでは有りません。オールマイティで無いために、他人を必要とするのです。体力に優れた人、指先の器用な人、芸術に優れた人、物造りに優れた人、数え上げたらきりがない程の優れた特性を、人は皆それぞれに与えられているはずであります。

他人より優れた面のみを自慢する人は、他人より自分の劣る面がある事に気が付かないのでしょうか。意識していない部分で、他人の能力で助けられている事柄に、感謝すべき事を忘れてはいけません。人間一人では生きられないし、その価値もありません。

今の世の中は全てが競争社会となっています。魂の前進の為ではなく、能力主義と称して単なる優劣による利益誘導や、自慢や排除の為の競争がなんと多いことでしょう。競争社会では、お年寄りや社会的弱者は生きていかれないでしょう。

これからの日本に於いては、現実的な問題として全人口に対する老人の占める割合が多くなり、さまざまな議論がされております。本当に社会的弱者は迷惑な存在でしょうか。自分が何時までも勝者でいられるとは限りません。世の全ては無常であります。競争原理主義社会ではいつの日にか弱者となったあなたも、当然排除される日が来るに違い有りません。

雑宝経にこの問題の回答となる喩え話が有ります。

遠い昔、老人を捨てる　棄老国　という国があった。その国の人々は老人になると、だれしも遠い野山に捨てられるのが掟であった。

その国に仕えるある大臣は、如何に掟とはいえ年老いた父を捨てることが出来ず、深く大地に穴を掘って家を作り、そこに父を隠して孝養を尽くしていた。

ところが、ここに一大事が起きた。神が現われ、王に向かって恐ろしい難問を投げつけたのである。

「ここに二匹の蛇がいる。この蛇の雄、雌を見分ければよし、もし出来なければこの国を滅ぼしてしまうぞ」

王はもとより、宮殿にいる誰一人として見分けられるものはいなかった。ついに王は国中に布告し、見分け方を知っている者には厚く賞を与えるであろうと告げさせた。

かの大臣は家に帰り、ひそかに父に尋ねると、父はこう言った。

「それは易しいことだ。柔らかい敷物の上にその二匹を置くがよい。その時、騒がしく動くのが雄であり、動かないのが雌である」

この大臣の進言により、雌雄を知ることが出来た。

それからも神は次々に難しい問題を出した。その度に大臣は父に尋ねたのである。

その問題とは次の様なものであった。

「大きな象の重さはどうして量るか?」

「象を舟に乗せ、舟が水中にどれだけ沈んだか印をしておく。次に象を降ろして同じ深さになるまで石を載せて、その石の重さを量ればよい」

「一すくいの水が、大海の水よりも多いというのはどのような事か?」

「清らかな心で一すくいの水を汲んで、父母や病人に施せば、その功徳は永遠に消えない。大海の水は多いといっても、ついには尽きる時がある。これをいうのである」

「ここに真四角な、せんだんの板がある。この板はどちらが根の方であったか」

「水に浮かべてみると根の方がいくらか沈む。それにより根の方を知る事が出来る」

「ここに同じ姿、形の母子の馬がいる。どうしてその母子を見分けるか」

「草を与えると、母馬は必ず子馬の方へ草を押し付け与えるから、直ちに見分けることが出来る」

これらの難問に対する答えは、ことごとく神を喜ばせ、また王をも喜ばせた。

そして王は、この知恵が密かに穴蔵にかくまっていた大臣の老いた父から出たものであることを知り、老人を捨てる掟をやめ、年老いた人に孝養を尽くすよう命ずるに至った。

この喩え話しのように、労働力としては使い物にならない老人も、経験に裏うちされた知識は、労働力や経理、販売員、管理者として使えなくても、それと同等の別な能力で貢献出来ることを述べています。

青白きインテリは労働力としてはゼロの価値しかありません。社会は色々の分野の専門家を必要としていて、それぞれの立場での貢献をしています。利益を上げる事のみの、能力主義は片寄った能力です。他人の目に見えない分野での連鎖的な貢献があって初めて、能力が生きてくるはずであります。

一国家、一社会、一会社、一個人の欲の為の競争社会が続く限り、魂の安住は有りません。単なる記憶や計算力のみが全てであるかのごとく錯覚をしております。競争のために各人の特性が有るのではなく、自分にない特性がお互いを助けあっていることに気が付かなくてはいけません。

学校では人間の魂の価値感がずれて分からなくなっている為に、勉学の能力のみが重要視され、各人の個性、やさしさ、人間性などが無視されて、心の歪みとなり陰湿ないじめともなっているように感じます。

一般的な勉学や経済力のみが評価の基準であるような錯覚が、現在の悲劇を生んでいるのです。人間の能力を勉学のみで比較したら、能力差は歴然と存在しています。しかし、皆それぞれに、勉学に勝るとも劣らない各種の特質と能力があります。

知識のみでは社会は成り立ちません。他人の能力や特性を認める事から始めなくてはならないでしょう。他人の能力で生かされているのです。

現在は政治家や一部エリートと称される人々の不祥事が頻発しております。このような人達が、日本を牛耳っているかと思えば耐えられません。地位や頭脳で人間の価値が決まるわけではありません。色々の能力が支えあって世の中は成立しています。いずれ思い知る時が来るでしょう。

経済力の優劣について

人間はとかく地位や財産、名誉に憧れます。確かにその人の努力の結果が地位や財産、名誉として結実します。その努力は賞賛に価する努力もあれば、人をだし抜いたり、悪質な手段で努力を傾注した結果の、地位や財産、名誉である場合もあり得ます。結果を見ればば同じでも、途中経過が全く異なります。

この様に結果の表面だけでは判断が出来ません。重要なのは途中経過であり、貪らず、執着せず我々が何を為すかが重要であります。あの肉食獣でさえ満腹になれば、目前に獲物が居ようとも、むやみに殺しはしません。日常においての生活、経済活動について、我々が何を為すかが重要であります。

恵まれた能力、努力の結果の豊かさをどのように還元するかが、その人の歩んできた人生の証となるでしょう。我々の魂の修行場が経済社会であれば、それに見合った人間的、経済的努力を必要とされるのは当然であります。強欲にならず、貪らずとも、生活するに必要最小限は生きる糧として必要であります。

しかし、この必要最小限の生きる糧としての収入を得るのが、なかなか大変であります。前記のごとく人の特性はそれぞれで、音楽や絵画などの芸術、数学や哲学等の研究者などはなかなか収入には結び付きません。このような人々は、自分の特性のみに執着せずに、柔軟な中道の教えを思い出し経済的努力もすべきであります。このような特性や環境がこの世での修行の命題でもあります。

そして、このような経済面にはなじみの薄い分野に対して、才能や努力により経済的資質に恵まれ豊かになった人々が、協力を惜しまぬことが大切です。音楽や絵画、舞踏などは人間の心を別な意味で豊かにしてくれます。助け合いの心で、お互いにないものを補うことに意味合いがあるのです。ここに調和が有ります。たとえ億万の財産と最高の地位が有ったとしても、万人の人間に平等に訪れる死の前には無力であります。あの世には持ってもいけず、ましては二〜三年もすればその人間の存在すら忘れ去られてしまいます。

人々と分かち合った苦しみや喜び、助け有った事柄は人々の心に残り、魂と共に永遠に消える事はないのです。努力して得た財産でも執着したら、努力とその財産は宝とはなりません。エゴと強欲の醜い垢となってしまいます。しかし執着しないと言っても、浪費する事ではありません。必要な時に必要な人の為に有効に使うことが大切でありましょう。地獄の沙汰も金次第と言っても、何の役にもたちません。かえって金、財産への執着が地獄への案内人となってしまいます。さて、次に経典からの引用で教えを述べてみましょう。

富める人は、田があれば田を憂え、家があれば家を憂え、全て存在するものに執着して憂いを重ねる。あるいは災いにあい、困難に出会い、奪われ焼かれてなくなると、苦しみ悩んで命までも失うようになる。しかも死への道は一人で歩み誰も付き従う者はない。

貧しいものは、常に足らないことに苦しみ、家を欲しがり、田を欲しがり、この欲しい欲しいの思いに焼かれて、心身共に疲れ果ててしまう。このために命を全うすることが出来ずに、中途で死ぬようなこともある。

全ての世界が敵対するかのように見え、死出の旅路は、ただ一人だけで遥か遠くに行かなければならない。

（「無量寿経」下巻）

人はだれでもその家計の事については、専心に蟻のように励み、蜜蜂のように努めなければならない。いたずらに他人の力を頼み、その施しを待ってはならない。また努め励んで得た富は、自分一人の物と考えて、自分一人の為に費やしてはならない。その幾分かは他人の為にこれを分かち、その幾分かは蓄えて不時の用にそなえ、また国家の為、社会の為、教えの為に用いられることを喜ばなければならない。（六方礼経）

一つとして我が物というものはない。全ては皆ただ因縁によって自分に来た物であり、しばらく預かっているだけの事である。だから、一つの物でも大切にして粗末にしてはならない。

アーナンダ（阿難）がウダヤナ王妃から五百着の衣の供養を受けた時、王はアーナンダが貪りの心から受け取ったのではないかと疑い、その心を聞いてみた。

「尊者は五百着の衣を一度に受けてどうしますか」

アーナンダは答えた。

「大王よ、多くの比丘は破れた衣を着ているので、彼等にこの衣を分けてあげます」

「それでは破れた衣はどうしますか」「破れた衣で敷布を作ります」

「古い敷布は」「枕の袋に」

「古い枕の袋は」「床の敷物に使います」

「古い敷物は」「足拭きを作ります」

「古い足拭きはどうしますか」「雑巾にします」

「古い雑巾は」「大王よ、私共はその雑巾を細々に裂き、泥に合わせて家を作る時、壁の中にいれます」

「物は大切に使わなければならない。生かして使わなければならない。これが我が物でない、預かり物の用い方である」

（法句譬喩経（ほっくひゆきょう））

昨今は、使い捨てや財産の多さが裕福である象徴のように勘違いされております。限りある資源は大切に用い、用途によって使い分けることで更に生かされていきます。地球資源の枯渇も進んでおり、地球からの脱出も真剣に計画されております。人間も適材適所で生かされる事も同様です。

私達が経済力中心の考えで後進国、あるいは未開地などと表現している国々や地域があります。ここでは確かに生活も貧しく、工業製品や電化製品も大変遅れています。しかし、ある所では、人間としての生き方や考え方は、むしろ我々が学ぶべき点が大変多くあります。地域社会が運命共同体のごとく、狩りや漁で得た食料はまったく平等に配分していますが。獲物が少ない時は、まず女性と子供たちが優先で、男達は残った分を食べるか、足りない時は我慢しております。しかしその顔は決して絶望的には見えません。男達や村の長は、人間として当然のごとく悠然として見えます。文明社会に於いてはこのような状況を、その場限りの計画性のない場当たり的な社会と決めつけるでしょう。蓄えるべき冷蔵庫もなく、痩せた土地でなすすべもなく、ただ環境に従っているだけなのでしょうか。

私はこの原始共産制と呼べるような社会の指導者達の崇高な生き方に脱帽せざるを得ません。与えられた環境の中で、貪らず、貯えず、争わず、分かち合い、助け合いながら、淡々と現実を受け入れて生きている姿は、まるで聖者の暮らしぶりのようであります。

先進とされる経済社会は自分一人で蓄え込み、人を出し抜いて優位に立とうと必死になっています。便利なはずの機械には人間が使われ、いったい人間は何を求め、何をなそうとしているのでしょうか。

未開地と呼ばれる社会は、文明社会と言われる我々が、何処かに忘れてきた心の在り方と生き方の見本のようでもあります。知能や、経済が優れていることだけが文明人の尺度ではないはずです。心や生き方が問題なのではないでしょうか。次に我欲の愚かさについての言葉を紹介しましょう。

ヒマラヤ山に尊い薬があるが、それは深い草むらの下にあって、人々はこれを見つける事が出来ない。昔一人の賢人がいて、その香を尋ね当て在りかを知り、樋を作ってその中に薬を集めた。しかし、その人の死後、薬は山に埋もれ、樋の中の薬は腐り、流れるところによってその味を異にした。

どんな良薬も、愚かで強欲な人の独占により、まったくその能力を生かすことが出来ないという、我々の欲の醜さを指摘しています。

黄金の粗金を溶かしてそのかすを去り、錬りあげると尊い黄金になる。心の粗金を溶かして煩悩のかすを取り去ると、どんな人でもみなすべて同一の仏性を開き現わすことができる。

（仏教伝道協会訳「大般涅槃経《だいはつねはんきょう》」）

それからイエスは弟子たちに言われた。よく聞きなさい。富んでいる者が天国にはいるのは、むずかしいものである。また、あなたがたに言うが、富んでいる者が神の国にはいるよりは、らくだが針の穴を通る方が、もっとやさしい。

（日本聖書協会訳「マタイによる福音書」第一九章二三・二四節）

あなたがた貧しい人たちはさいわいだ。神の国はあなたがたのものである。
（日本聖書協会訳「ルカによる福音書」六章二〇節）

親子の関係について

「袖すりあうも他生の縁」という言葉があります。他生とは前世や前前世に於いて何らかの縁があった。また、多少の字を当てて、すくなからずの縁があったと解釈出来ます。これらの事は、何かの拍子で袖がふれあっただけのきっかけであっても、意味深い縁が有るということを表わしているのではないでしょうか。

ましては親子の関係を考えて見る時に、まさに他生に於いての縁が重要に思われます。親子、夫婦の関係が現在と逆転していたり、親戚や仕事仲間であったりする事が十分に有り得ます。縁とは不思議なものです。

この事は魂での次元の話であって、肉体的血筋には関係ありません。その証拠に兄弟姉妹で顔は少々似ていても、全く性格は異なっております。何故ならば、今生での目的と使命が異なっている別の魂だからなのです。（自論で魂の輪廻転生を前提としています）

当然性格のみならず、ものの考え方、頭の善し悪しまで違っています。しかし親の方は子供連を無意識に比較してしまいます。これらの事が子供同士でもコンプレックスや優越感を植え付けてしまいます。

現在の世の有り様を考えれば競争社会であり、比較せざるを得ない現状には有ります。しかし、親も子も、それぞれの異なった使命と目的を持って、この世に誕生した事を考えれば、比較や競争する事が過ちであると気付くでしょう。

子供も「こんな家に生まれなければよかった。生んでくれと頼んだ覚えはまるでない」などと言いがちであります。ところがどっこい、みんなあの世においてそれぞれにお願いしたり了解しているようであります。これに関して「西武大蔵経北京版」（平岡広一訳）には明確にこう記されています。

第三の界層において、輪廻する主体となるバルド（中有・肉体死から再生する中間の状態・筆者注）の者が、胎蔵において生をうけ、息ずく様子が記されています。

バルドの者が母の子宮に生を受ける為には、三つの必要条件を実現し、三つのあってはならない欠陥を離れなくてはならない（必要条件はここでは略す）。
一、子宮の欠陥。
二、種の欠陥。
三、業の欠陥がある。
業の欠陥とは妊娠中の者が父母二人の子として生まれる業がなかった場合、あるいは父母の二人がその中有の者の父母となるべき業がなかった場合である。

つまり六つの関門をクリアする必要があり、決して偶然などではあり得ません。

平岡氏の解説による業とは、行為、行動、因縁。心の動きや言語を言い、この場面では心の動き、つまり本人や父母となる人の合意と因縁がなければ、親子となれない厳しい掟を言っているようであります。

このように縁だけではなく、合意の上での親子関係でありますから、子育ては当り前であります。最近は親側も無私の愛ではなく、自分の都合で簡単に捨て子や殺人が横行しています。動物だって無私の心で子育てを行っています。動物にも劣る行為であります。

一方、子供においても、育ててもらう恩義を忘れてはいけません。親も子も、一人では生きられないのですから。更にあの世において「あなたは自分の事や子育ては当然であり、その他に人類のために何を為してきたか」と問われるそうであります。

自分の生活が手一杯で「人類のために何を為したか」と問われても、我々凡人は、ただ、たじろぐばかりであります。

現代においては、成人までの子育ては大変な労力と、金銭が必要です。

「子供を三人育てないと親の恩が理解出来ない」との言葉が有ります。子育ては大変な事業でもあります。「親が勝手に生んだので当然だ」ではなく、子供は親に感謝して報恩を為すべきであります。

「自分の再生のためにお願いして合意をもらった」事実を忘れていても、いずれ分かる時が来ます。親は親として、子供は子として、それぞれお互いに対して使命があり、その目的達成のための一つの手段と関連して、お互いの親子の関係もあるのです。

この身は父母を縁として生まれ、食物によって維持され、またこの心も経験と知識とによって育ったものである。だから、この身もこの心も、縁によって成り立ち、縁によって変わると言わなければならない。網の目が互いにつながりあって網を作っているように、全てのものはつながりあって生きている。一つの網の目がそれだけで網の目であると考えるならば、大きな誤りである。

全てのものが縁によって生じ、縁によって滅びるのは永遠不滅の道理である。だから、移り変わり、常にとどまらないということは、天地の間に動くことの無い誠の道理であり、これだけは永久に変わらない。

（勝鬘経《しょうまぎょう》）

学校について

人生を渡るに当たって必要な教育を行う学校が、いつの間にか学歴社会の奴隷となり、本来の学問とはかけ離れた記憶や計算力のみに囚われた歪《いびつ》な教育現場と化しております。

各々の個人の特性を生かし育てる教育はとっくに姿を消し、ただ競争社会を勝ち抜くためにと無益な競争と学力偏重の教育が行われ、だれ一人として疑問を持つ事もありません。

いや、疑問を持って取り残される事を恐れ、しやにむに子供たちにハッパをかけております。このような事については、親も学校も社会も同罪であります。学校は進学の為の予備校となっているではありませんか。子供たちは友情、夢の語らい、助け合いの行動など一番大切な事を学ばず、級友は競争の相手としての敵となっております。

学力以外での特性を認知されないなら、学力に劣る者の身の置場はとても有りません。この現状では自分の存在のアピールは、強力な暴力やいじめ、茶髪、校則違反などでぶっつける以外に手はありません。これらは自身の存在理由の強力なアピールであり、生きている証の渇望でもありましょう。

学力や研究で世の役にたつ人達も必要であり、野菜果物、米などの食料を生産する人達も、芸術で人の心をなごませ生活に潤いを与えてくれる人、まだまだ沢山の特性の有る人間が一杯必要なはずであります。

みんなが生活に安定のある先生や公務員、官僚だけでは世の中が成り立たないことを知っておりながら、各人の多様な能力と特性を差別し、世間体や安定性、収入の奴隷となっております。

誰もが楽はしたいのです。貧乏はいやです。しかしどのような現状であれ、真理から外れた事は、いずれ自分に返ってくることを忘れてはいけません。

この世が矛盾に満ち満ちて、どうにもならない末法の世に成り下った現在、自己のエゴを捨て宇宙の真理に目覚め、助けあいの精神に立ち返らないことには、人間として現在この世にあることの意味合いが無くなってしまいます。

昨今、無意味な競争社会に矛盾や疑問を持ち、宗教に救いと安らぎを求める人々も増えています。教義を聞いただけで思わず笑ってしまいそうな某教団が、あれほど若者を引き付けた理由はどこにあったのでしょう。

一つには、親も学校も人生の意味合いをしっかりと教えず、学業一辺倒で物事を准し計り、学力の偏差値で人間を判断しております。地位、名誉、出世が、あたかも人生の最終目的のごとく、教え込まれ、人生に空しさを感じると同時に、物事の判断の基準が解らなくなった結果ではないでしょうか。二つ目には、人間が生きるための規範が何であるかの倫理面が抜け落ちているように思えます。

学力至上主義、物質一辺倒や損得、見栄だけの人生の誤りを教えるべきでしょう。お互いの特性を認めあい尊重し、それぞれの能力で人類に貢献する世界が実現すれば、この世にあの世のユートピアが実現するでしょう。

このような事を学校や、家庭、地域社会の勉学の中で教育することが、最も望まれている事柄ではないでしょうか。学校に限らず経済の世界でも、競争から協調への道が我々に課せられた使命でもあります。

人々は欲の火の燃えるままに、華やかな名声を求める。それはちょうど香が薫りつつ自ずからを焼いて消えて行くようなものである。いたずらに名声を求め名誉を貪って、道を求めることを知らないならば、身は危うく心は悔いにさいなまれるであろう。名誉と財産と色香とを貪り求める事は、丁度子供が刃に塗られた密を舐めるようなものである。甘さを味わっている内に、舌を切る危険をおかす事になる。

貪りと怒りと愚かさという三つの毒に満ちている自分自身の心を信じてはならない。自分の心を欲しいままにしてはならない。心をおさえ欲のままに走らないように勤めなければならない。（四十二章経）

勝つものは恨みを招き、敗れるものは苦しみに臥す。勝ち負けの二つを捨てたる、心平和なるものは、幸せに住す。（法句経二〇一）

学校は今こそ知育偏重ではなく、倫理をも含めた人間の人生と生き方、価値観を教え育てる本来の姿に立ち返るべきです。大人社会も本音と建て前を捨てて、価値観の転換をなすべきであります。

人生の目的と使命

それは魂（肉体をまとった霊）の浄化と、進化のための経験の場であり、天国の世界を地上に具現するための試練の場であると思います。

完成に到達する手段として、神の課し給うた必要な体験である。ある霊にとっては罪亡ぼしの意味をもち、またある霊には、これをもって使命を果たすことになる。

（…中略…）

この誕生のためには、またもう一つの目的がある。

即ち『創造の事業に役割を果たせる霊になること』これである。

この目的に沿い、彼は誕生した世界の物質状況と調和した道具にふさわしいものとなる。

またこれを通じて、彼が神から任ぜられたその世界と結びつつ、彼固有の仕事を果たすことが出来るのである。

かくて、彼は一つの歯車のごとく自己の役割をもって貢献し、他方では自分自身の進歩向上をも達成するのである。

（…中略…）

霊は初めは全て素朴で無知なものとして創られた。彼等は地上生活の苦難と闘争を通じて教訓を獲得するのである。

苦しみなくして、努力なくして、経験から得る功罪なくして、公正なる神も、一つの霊といえど幸福ならしめることが出来ようか」

（潮文社「霊の書」より）

生があれば死があり、幸いがあれば災いがある。良いことがあれば悪いことがある。人はこのことを知らねばならない。愚かな者はただいたずらに、災いをきらって幸いだけを求めるが、道を求める者はこの二つをともに超えて、いずれにも執着してはならない。

栄華の時勢は永続きせず、たちまちに過ぎ去る。この世の快楽も何一つ永続するものはない。だから人は世俗のことを捨て、健全なときに道を求め、永遠の生を願わなければならない。道を求める事を他にして、どんな頼み、どんな楽しみがあるというのか。

ところが、人々は善い行為をすれば善を得、道にかなった行為をすれば道を得るということを信じない。また、人が死んでまた生まれるという事を知らず、施せば幸い

を得るという事を信じない。全て善悪にかかわる全ての事を信じない。（雑宝蔵経）

人間が目指すべきこと

魂は何処から来て何処へ行くのでしょうか。自分は何者なのか、何の目的でこの世のこの場所、この家族、この環境に生まれたのか。人間が一人ひとり考え、自分なりの疑問と答えとを見つけ実践しなければなりません。

宗教の教団に入る事でも、信心深くなる事でもありません。八正道に則り、常に中道の心からはずれないような、日常生活の努力の中で発見できるのです。

各個人の目的に対する手段は異なっていても、最終目標や目的は皆一緒であると思います。私は以下のように感じています。

一、この世は魂の向上の為の修行の場であること。
二、前世よりもこの世で一歩でも魂の次元が前進すること。
三、修行の場は各個人にとって最適の環境を自ら選んでいること。
四、修行の手段は各人全てが同一ではないこと。（教育環境や職業）
五、修行の為の同期生ではあっても、各自の魂の次元が違うこと。それ故この世での各人の目的と使命が異なっている。

六、魂（心）を磨き神仏の境地に近づくこと、この世にユートピアを具現化するよう努力すること。

このような事柄が魂の目的と使命であると思われます。この目的を果たすために人間という肉体と、地球という環境を与えられ選んでいるのです。

この事を考える時、生まれた家庭の貧富や、頭の善し悪し、男か女の性別等の不満や愚痴、神仏が平等であるなしを論ずるなど全く無意味になってきます。なぜなら、全てを我々が選び、行動や思考した結果が現在であり、未来につながります。全てが我々にとって最適の環境であるからです。

この世での誕生の目的と使命に気が付かない間は、遠回りや誤りを犯すでしょう。その為に悲しみや苦しみを体験する事になります。しかし、この事は決して無駄になる事でもなく、無意味ではないはずです。全てが各自身の血や肉となって、プラスの作用を始める原動力にもなるのです。

このような事を自覚すれば、人々と暖い気持ちで接し、お互いの過ちは許し許される心になれるのです。自慢したり、軽蔑したり、争ったり、妬みや落しめる事など愚かに思えます。悲しみ、苦しみ、喜び、全ては心の執着から起こり、行動から結果が現われます。

以下に仏典からの教えの数々を記述しましょう。

人々の憂い、悲しみ、苦しみ、もだえはどうして起こるのか。つまりそれは、人に執着があるからである。富に執着し、名誉利欲に執着し、悦楽に執着する。この執着から苦しみ悩みが生まれる。

初めから、この世界には色々の災いがあり、そのうえ、老いと病と死とを避けることが出来ないから、悲しみや苦しみがある。しかし、それらもつきつめてみれば、執着があるから、悲しみや苦しみとなるのであり、執着を離れさえすれば全ての悩み苦しみは跡形もなく消えうせる。

さらにこの執着を押しつめてみると、人々の心のうちに無明（むみょう）と貧愛（とんあい）とが見い出される。無明は移り変わる者のすがたに眼が開けず、因果の道理に暗いことである。貧愛とは、得る事の出来ないものを貪（むさぼ）って、執着し愛着することである。

もともと、ものに差別はないのに差別を認めるのは、この無明と貧愛との働きである。もともと、ものに差別はないのに善悪を見るのは、この無明と貧愛との働きである。すべての人々は常によこしまな思いを起こして、愚かさのために正しく見る事が出来なくなり、自我にとらわれて間違った行いをし、その結果、迷いの身を生ずる事になる。業を田として心を種とし、無明の土に覆われ、貧愛の雨でうるおい、自我の水をそそぎ、よこしまな見方を増して、この迷いを生み出している（業とは本来行為であるが、因果関係と結合して行為のもたらす結果としての潜在的な力）。

だから、結局のところ、憂いと悲しみと、苦しみと悩みのある迷いの世界を生み出すのは、この心である。

迷いのこの世は、ただこの心から現われた心の影にほかならず、憤りの世界もまた、この心から現われる。

（仏教伝道協会訳「華厳経」）

この教えから、結局八正道を中心とした心の基準を正し、無明を避け、貧愛から離れ、全ての執着から離れ、魂の向上への努力が「人間の目指すべきこと」に違いありません。

夢の実現に向かって

人類は何回も何回もの転生の経験を経て、魂は自らの持っていた歪やカルマを修正しながら、豊かな丸くて大きな魂の根源へと近づいて行くようです。全ての執着や欲望を捨て「宇宙即我」（大宇宙と自分の魂が同化して、自身が宇宙の意識その物のように感じる）の悟りの境地に達した時、転生の循環から脱して神仏の領域に近づいて行くといいます。

現実の問題として「宇宙と自分は一体である」体験をした人達がいます。それは、アメリカの宇宙飛行士達であります。彼等は現代の最先端の科学力の塊である宇宙船で、地球、月、宇宙を眺め、神の存在を感じたといいます。彼等はその後、宇宙飛行士という英雄を捨て、四人が伝道師となっています。

ジム・アーウィン、アル・ウォーデン（アポロ一五号）、チャーリー・デューク（アポロ一六号）、ビル・ポーグ（スカイラブ四号）。この事実は何を意味するのでしょうか。大宇宙のなかで初めてその存在を感じた時、生かされている事に気付くでしょう。神の存在を身じかに感じる時、神の教えがどんなに重大な意味を持っている事か。物質文明に染まっている人類が、心の重要さを感じるには神の教えを述べ伝える以外にないとの結論に達したに違いありません。

さて、我々人間が「宇宙即我」の境地に達するには、魂の向上の為にあらゆる人種や環境、職種、男女への転生を必要とするようであります。輪廻転生が事実であるとするならば、差別や闘争、優越感などは全て無意味となってきます。なぜなら他人の能力差を非難したり蔑視したりしても、それはいつの時代かの論廻の途中での自分自身の姿と同じなのです。あなた自身なのです。天につばきをするようなもので、必ず自分に返ってくるはずです。他人は無論自分自身も傷つけてはいけません。

あなたにはあなたしか出来ない素晴しい個性があります。自分に無い個性は他人に存在しています。自慢も卑下する事もないのです。皆がまだまだ完成していないのですから。

完成のための途上にある人生なのです。音楽や絵画の得意な人は、その個性で人の心を和ませることが出来ます。動植物はそれぞれ自分を犠牲にして、人間に貢献しています。食料となる麦や米も、それぞれの個性で生産されています。料理は手先の器用なあなたの個性の分野なのかもしれません。職業や能力に貴賤などありません。無意味な魂の個性は無いはずです。出来ることで参加すれば良いのです。みんながそれぞれを必要としているのですから。

地球では転生の第一期生からベテランまでが混在して、魂の修行の一課程にあるとするならば、無意味な争いや競争をやめて、お互いがお互いを助け合い励まし合って行くべきです。魂の次元と目的が違えば、違いがあって当然であります。競争がなくても進歩は有り得るはずです。

各人の持っている魂の個性を生かし、過ちや欠点を修正しながら、ユートピアの具現に参加するならば、素晴しい極楽浄土がこの世に誕生するでしょう。これが人生の目的と使命でなくて、何のための人生でしょうか。我欲や執着、差別や競争を捨て、目的達成のために協調する。生かされていることに感謝の気持ちで報恩を行う。自己の魂を一歩でも前進させる努力、これが我々の人生の目的でありましょう。

一つのたいまつから何千人の人が火を取っても、そのたいまつは元のとおりであるように、幸福はいくら分け与えても、減るということがない。

（四十二章経）

これまで、私の体験と田中さんの霊視をもとに、私見を述べながら、経典や聖書等を参照してまいりました。最後に総まとめとして、各種経典より仏陀の教えをまとめました。我々人類に残された最高の教えを心に留め置き、実践したいものです。

仏陀の最後の教え

わが身を見ては、その汚れを思って貪（むさぼ）らず、
苦しみも楽しみも共に苦しみの因（もと）であると思ってふけらず、
わが心を観ては、その中に「我」はないと思い、それらに迷ってはならない。
そうすれば、すべての苦しみを断つことができる。
わたしがこの世を去った後も、このように教えを守るならば、
これこそ私のまことの弟子である。

（「長阿合《じょうあごん》」経第二、遊行経）

弟子たちよ、これまでおまえたちのために説いた私の教えは、
常に聞き、常に考え、常に修めて捨ててはならない。
もし教えのとおりに行うなら、常に幸いに満たされるであろう。

教えのかなめは心を修めることにある。だから、
欲をおさえて己に克つ事に努めなければならない。
身を正し、心を正し、言葉をまことあるものにしなければならない。
貪ることをやめ、怒りをなくし、悪を遠ざけ、常に無常を忘れてはならない。

もし心が邪悪に引かれ、欲にとらわれようとするなら、
これをおさえなければならない。心に従わず、心の主（あるじ）となれ。

心は人を仏（悟れるもの）にし、また畜生にする。
迷って鬼となり、さとって仏と成るのもみな、この心のしわざである。
だから、よく心を正しくし、道にはずれないよう努めるがよい。

弟子たちよ、おまえたちはこの教えのもとに、
相和（あいわ）し、相敬（あいうやま）い、争いを起こしてはならない。
水と乳とのように和合せよ。水と油のようにはじきあってはならない。

ともに私の教えを守り、ともに学び、ともに修め、
励ましあって、道の楽しみをともにせよ。
つまらないことに心を使い、無駄なことに時をついやさず、
憤りの花を摘み、道の果（このみ）を取るがよい。

弟子たちよ、私は自らこの教えを悟り、おまえたちのために、この教えを説いた。
おまえたちはよくこれを守って、ことごとくこの教えに従って行わなければならない。
だから、この教えのとおりに行わない者は、私に会っていながら私に会わず、
私と一緒にいながら私から遠く離れている。
また、この教えのとおりに行う者は、
たとえ私から遠く離れていても私と一緒にいる。

（般泥恒経）

弟子たちよ、私の終わりはすでに近い。別離も遠いことではない。
しかし、いたずらに悲しんではならない。
世は無常であり、生まれて死なない者はない。

今わたしの身が朽ちた車のように壊れるのも、この無常の道理を身をもって示すのである。いたずらに悲しむことをやめて、この無常の道理に気がつき、人の世の真実の姿に眼を覚まさなければならない。変わるものを変わらせまいとするのは無理な願いである。

煩悩の賊は、常におまえたちのすきをうかがって倒そうとしている。もしおまえたちの部屋に毒蛇が住んでいるのなら、その毒蛇を追い出さない限り、落ちついてその部屋で眠ることは出来ないであろう。煩悩の賊は追わなければならない。煩悩の蛇は出さなければならない。おまえたちは慎んでその心を守るがよい。

（仏教伝道協会訳「遺教経」）

弟子たちよ、今は、わたしの最後の時である。しかし、この死は肉体の死であることを忘れてはならない。肉体は父母より生まれ、食によって保たれるのであるから、病み、傷つき、壊れることはやむを得ない。

仏の本質は肉体ではない。さとりである。
肉体はここに滅びても、悟りは永遠に法と道とに生きている。
だから、私の肉体を見る者が私を見るのではなく、
私の教えを知る者こそわたしを見る。
私の亡き後は、私の説き遺《のこ》した法がおまえたちの師である。
この法を保ち続けてわたしに使えるようにするがよい。

弟子たちよ、私はこの人生の後半四十五年間において、
説くべきものは全て説き終わり、なすべきことは全てなし終わった。
私にはもはや秘密はない。内もなく、外もなく、
全てみな完全に説きあかし終わった。

弟子たちよ、今や私は最後である。
私は今より涅槃に入るであろう。
これが私の最後の教戒《きょうかい》である。

（仏教伝道協会訳「長阿含経」第二、「遊行経」）

仏の慈悲をただこの世一生だけのことと思ってはならない。
それは久しい間のことである。
人々が生まれ変わり、死に変わりして、迷いを重ねてきた、
その初めから今日まで続いている。

（「法華経」第十六、寿量品）

（煩悩→悟りの実現を妨げる人間の欲望の精神作用）

あとがき

人間の生き方の探究から、霊能力者とのめぐり会い、そして心霊体験を通じて思わぬ展開を見せた私の人生。それは一般常識を覆す結論へとたどり着きました。

「人間は永遠に輪廻転生して魂の向上をはかる」

「この人生は魂の向上の為の一過程であり、最良の環境を自ら選んで産まれて来た」

「宇宙に於ける原因と結果の法則により、自分で蒔いた種は自分で刈り取る宿命に有る。良い種をまき、良い手入れにより良い刈り入れが出来る」

「人間にとって重要な事は心のあり方である」

「現世は前世での生きた結果の投影であり、来世は現世の行った結果の投影である」

「現世を知りたければ前世を知り、来世を見たければ現世の生きた証を見よ！」

このような結論から聖典、仏典等を参照しながら「霊界と現世をどう生きるか」について、私見を述べてまいりました。

霊能力者の田中さんには、私生活においても色々の御指導をいただきました。紙面を借

涅槃（梵語のニルバーナの漢音写で吹き消すの意から、欲望を吹き消した悟りの世界）

りて厚くお礼を申し上げます。

なお、田中さんに関しては、本名の掲載を強く辞退されましたので残念ですが、やむなく仮称で表記させていただきました。

稲森　重雄

稲森重雄（いなもりしげお）

宮崎市で楽器店経営。
複音ハーモニカ練習曲集等の著者。
不思議体験を機に生命の謎の解明を志し、
すぐれた霊能力者の協力もあって、
数十年の特異な研究を重ね、
遂に生命不滅の確信に達する。
死ねばすべては消滅…
…この誤れる理論を前提にした
現代人の人生観こそが亡びにつながる。
永遠不滅の生命体である人間は
いかなる生き方に改めるべきか。
末世現象の現代の病根を突く。

亡き父との交信

発行　二〇〇六年二月一日　第一刷

著者／稲森重雄
発行人／伊藤太文
発行所／株式会社叢文社
東京都文京区春日二―一〇―一五
〒一一二―〇〇〇三
電　話〇三（三八一五）四〇〇一
FAX〇三（三八一五）四〇〇二

印刷・製本／P―NET信州

ISBN4-0541-7